VOCÊ É DO TAMANHO DOS SEUS SONHOS

CÉSAR SOUZA

VOCÊ É DO TAMANHO DOS SEUS SONHOS

Prefácio
OZIRES SILVA

Edição definitiva

best.
business
RIO DE JANEIRO – 2016

CIP-BRASIL. CATALOGAÇÃO NA FONTE
SINDICATO NACIONAL DOS EDITORES DE LIVROS, RJ

Souza, César
S714v Você é do tamanho dos seus sonhos / César Souza. – Rio de Janeiro: Best Business, 2016.
14 × 21 cm

Inclui bibliografia
ISBN 978-85-68905-30-2

1. Empreendedorismo. 2. Sucesso nos negócios. 3. Técnicas de motivação. I. Título.

15-28978 CDD: 658.11
CDU: 658.016.1

Você é do tamanho dos seus sonhos, de autoria de César Souza.
Texto revisado conforme o Acordo Ortográfico da Língua Portuguesa.
Primeira edição impressa em junho de 2016.

Design de capa: Carolina Vaz.

Direitos exclusivos de publicação em língua portuguesa para o Brasil adquiridos pela Best Business, um selo da Editora Best Seller Ltda. Rua Argentina 171 – 20921-380 – Rio de Janeiro, RJ – Tel.: (21) 2585-2000.

Impresso no Brasil

ISBN 978-85-68905-30-2

A meus filhos
Thomas, Júlia e Yasmim,
cujos sonhos determinarão
o verdadeiro tamanho de suas vidas.

Sumário

Prefácio

Sonhos!!! Sonhos!!! Sonhos!!!

Lanço minha alma no espaço à procura de um bem sempre eterno, e ela logo retorna com um pouco de céu e de inferno.

Omar Khayyam,
poeta nascido há mais de
900 anos na Pérsia.

Ao longo de nossas vidas, diversas vezes ouvimos a palavra sonhos, em todas as línguas ou dialetos, perto ou mais longe de nós. Por crianças ou por adultos. Para expressar uma ficção, um desejo, algo de mistério ou irreal, mas, quaisquer que sejam os pensamentos, sempre trazem fatores diversos. Positivos ou negativos. Para fazer algo ou almejar um futuro que seja melhor... ou pior!

Sonho é uma palavra doce — possivelmente uma das primeiras entendidas pelas crianças — que tem ensejado amplas variedades de consequências, artísticas ou em produtos, efeitos de desejos, uma ansiedade ou inquietação. A partir do cultivo de um sonho, chega-se ao lugar almejado.

Muitos têm tentado racionalizar e colocar sonhos sob parâmetros mentais ou práticos, mas a imaginação humana, e mesmo a dos animais, ultrapassa tudo o que sabemos sobre como funcionam as mentes. Esse é um dos milagres do pensamento, cuja forma de funcionar foge a qualquer métrica que possamos utilizar.

Creio que sonhar pode ser como um voo da imaginação. De um lado limitado pelo possível e, subitamente, com a liberdade e amplitude do impossível, seguir em qualquer outra direção! Pode ter formas, mas nunca limites. Do mesmo modo que no voo, não há dois iguais, pois as direções e altitudes podem ser múltiplas. Cada uma muda constantemente, saindo do real e correndo para o irreal, num processo aleatório que vivemos, mas não compreendemos!

Do ponto de vista prático temos de aceitar que o sonho estimula realidades, somadas à criatividade e às realizações tão necessárias em nossas vidas. A Natureza nos oferece lições sobre a diversidade, base fundamental para a vida. Não há duas folhas iguais, ainda que da mesma árvore. Numa floresta, também as árvores são diferentes; a frondosa ao lado do fraco arbusto. E convivem, cada uma com seu destino e com seus resultados. De tal modo parecem ser os sonhos, diversos, sem forma, sem dimensões, sem tempo ou tamanho. Mas, mesmo assim, sem serem compreendidos, sem os contornos do irreal, existem e precisam existir. E seguem sendo a coisa mais maravilhosa em nossas vidas, os sonhos e nossa infinita capacidade de sonhar! Reais ou não, impossível viver sem eles!

Nossa civilização criou culturas, comportamentos, ações, sempre procurando metrificar ou padronizar tudo. Todavia, os sonhadores não procedem dessa forma, pois voam desorganizadamente até chegarem a uma meta. É nesse instante que o sonho começa a abandonar o irreal e inicia os duros percursos da realidade e dos resultados medidos.

Assim são os empreendimentos que nascem dos sonhos, mesmo sem as dimensões do palpável, do mensurável. Já sabemos, pois muito tem sido tratado por estudiosos, o que aconteceu depois de sonhos nutridos por um ou por muitos. Os efeitos dessa miríade de ideias, alimentadas pelos nossos sonhos, estão contidos no que temos hoje para usar e que fazem nossas vidas melhores ou piores. Não importa, mas mudam o que está à nossa volta!

Sonhos são as bases dos pensamentos, nos quais se apoiam os sábios, os descobridores, os líderes! Transformam nossas vidas e criam ou modificam futuros. Bons ou ruins, mas fazem novos sobre velhos ou consagrados. Colocam outros horizontes sobre os antigos!

Esse, entendo eu, é o propósito do livro de César Souza, um realizado criador e propagador de ideias originais, um perseguidor de sonhos. Ele se esforça para chegar ao leitor e o estimular a pensar sobre si mesmo. Entende que muitos podem ser inimigos de si próprios e ensina que sonhos podem ser a cura buscada, um remédio para a depressão, tristeza ou desânimo.

Como o professor que luta para ensinar, César Souza lança uma nova edição do seu bem-sucedido *Você é do tamanho dos seus sonhos*. César nutre a esperança de ajudar os leitores a compreenderem que cada um pode transformar seus sonhos em realidades. Nesta edição há formas de parametrizar rotas de pensamentos; tarefa difícil, mas que pode se tornar possível pelo próprio leitor que, partindo do seu mundo, pode produzir diferenças no mundo de muitos!

Caro leitor, este é um livro que pode ajudá-lo a criar novas histórias para sua vida e incentivá-lo a chegar ao sucesso, praticando o essencial... ou seja, acreditando!

Ozires Silva
abril/2016.

Introdução

Estava desanimado, frustrado com o trabalho e chateado com a vida familiar. Meus sonhos de jovem viraram pesadelos na idade adulta — aos 35 anos, o cenário era o de divórcio iminente, prestações impagáveis da casa própria e um chefe insuportável em uma multinacional burocrática. Um colega me deu de presente o seu livro Você é do tamanho dos seus sonhos. *Refleti muito e comecei a vislumbrar algo diferente do que estava acostumado. Confesso que suas provocações me incomodaram um pouco. Mas acordei e decidi ir à luta e abrir meu próprio negócio, um sonho arquivado há anos, uma pequena confecção. Passei 18 meses me preparando e hoje completo o primeiro ano como dono de meu negócio. Estou feliz, me reencontrei. Minha esposa virou minha sócia e toma conta da parte comercial e financeira do nosso empreendimento. Escrevo este e-mail para lhe agradecer, pois o livro me ajudou a assumir as rédeas do meu destino.*

Foram mensagens como essa, enviada por um leitor da cidade de Campinas, interior de São Paulo, que me animaram a escrever esta nova versão do livro, originalmente publicado em maio de 2003.

De lá para cá, fui convidado pelos presidentes de 78 das quinhentas maiores empresas do país para falar na abertura ou no encerramento de convenções anuais, sempre com o mesmo objetivo: estimular os funcionários a pensar grande, sonhar e fazer de seus sonhos parte integrante do sonho coletivo das empresas em que trabalham.

Além disso, as ideias sobre "como transformar sonhos em realidade" foram apresentadas para quase 200 mil pessoas: em uma empresa de Minas Gerais, falei para 8 mil funcionários, do porteiro ao presidente; em uma empresa automotiva, havia 6 mil pessoas me ouvindo no galpão da fábrica; 5 mil clientes preferenciais de uma grande rede varejista no Recife, 3 mil em Salvador e 2 mil em Aracaju assistiram à minha palestra; em uma grande empresa de software de São Paulo, foram mais de 4 mil tecnólogos; na comunidade de Santo Antônio de Jesus, interior da Bahia, quase 3 mil indivíduos se acomodaram no gramado de um estádio de futebol para me ouvir contar as histórias dos realizadores de sonhos, dessa vez na companhia de um personagem do livro, meu querido amigo Carlinhos de Jesus, que fez a cidade dançar até de madrugada.

Curiosamente, essas palestras não se limitaram aos ambientes corporativos: também tive a oportunidade de provocar a reflexão de oito pessoas de mesmo sobrenome que me convidaram para conduzir uma reunião de família na Ilha da Madeira, no oceano Atlântico, perto de Portugal. Além disso, apresentei ideias para uma enorme multidão de *decasséguis* em Nagoya, no Japão, e no dia seguinte tive que repetir a palestra para os que não conseguiram entrar no teatro. O denominador comum a todos esses expectadores é um mesmo anseio: o de descobrir como tirar os sonhos da cabeça e transformá-los em realidade.

Recebi quase 3 mil e-mails ou cartas como respostas dos leitores ao convite feito no Capítulo do leitor, no final do livro, para que cada um passasse a ser coautor, revelando seus sonhos e conquistas, além das dificuldades para transformar seus projetos em realidade. Em minhas palestras e entrevistas, sempre afirmei que a melhor parte do livro foi exatamente a que não escrevi — aquele capítulo com as quatro páginas em branco à espera do leitor que desejasse tirar os sonhos da cabeça e colocá-los no papel.

A primeira resposta a gente nunca esquece: "Desejo me dedicar a um projeto social vinculado à educação de crianças carentes dos bairros da periferia aqui do Recife", revelou o professor universitário que adquirira o livro no aeroporto de Congonhas, na capital paulista, ainda na semana do lançamento, enquanto aguardava o embarque para sua cidade natal.

Em pleno voo para Porto Alegre, uma jovem interrompeu minha leitura do jornal pedindo que autografasse seu livro com desejos de boa sorte. "Não aguento mais trabalhar em contabilidade e tenho fé que vou conseguir ingressar na área comercial de outra empresa", explicou a moça, que, naquela mesma tarde, teria uma entrevista de seleção na filial gaúcha de uma empresa sediada em São Paulo. Ela sonhava com a mudança de emprego, que a faria muito feliz.

Também me recordo do carioca desempregado, desesperado atrás de uma oportunidade, assim como da jovem baiana que estava estudando intensamente para passar no vestibular e da empresária curitibana cheia de esperanças que acabava de abrir uma franquia. Também havia um capixaba recém-aposentado que se recusava a colocar o pijama. Ao compartilhar seu sonho comigo, revelou estar recomeçando a vida aos 63 anos. Não consigo me esquecer do ex-gerente de manutenção na região do ABC Paulista que, aos 48 anos, optara pelo plano de demissão voluntária da montadora em que trabalhava há quase duas décadas e não sabia bem o que fazer em relação a seu futuro profissional. Contou-me que estava em dúvida entre procurar um novo emprego na indústria, abrir uma loja ou dar aulas de história — "minha verdadeira vocação", confessava sem esconder um sorriso nos lábios e um brilho no olhar.

Confesso que fiquei surpreso com o impacto do livro na vida de tanta gente. As pessoas faziam questão de me revelar que pretendiam desengavetar sonhos antigos, encorajar filhos, filhas, pais ou sogros a reacenderem a chama do futuro; estimular a esposa ou o marido a dar a volta por cima e superar o desemprego, a doença, o vício, a adversidade.

Ainda me emociono quando relembro pelo menos cinco jovens casais, em diferentes ocasiões, que me pediram para dedicar o livro aos filhos ainda no ventre das mães. Espero que essas crianças já tenham ao menos soletrado as palavras de afeto com que antecipadamente saudei sua futura chegada. Também ficaram gravadas as palavras de um senhor de Belém do Pará que me pediu para escrever uma mensagem que o estimulasse a continuar sonhando. "A gente só envelhece quando para de sonhar", comentou, para em seguida arrematar: "enquanto eu ouvia sua palestra, meu coração batia como uma criança morrendo de vontade de pular corda!" Naquela noite, fui dormir feliz no hotel em Belém, saboreando cada uma daquelas palavras.

Roubaram meu sonho. Devolva meu sonho!

Antes de deixar que você leia o livro, tenho de relatar um incidente que por pouco não interrompeu a trajetória desta obra. Aliás, esse incidente prova que nem sempre os sonhos traçam seu caminho em linha reta e muitas vezes correm o risco de perecer antes de se tornarem realidade.

Voltemos ao dia 20 de abril de 2003, um domingo ensolarado na capital baiana.

"Roubaram meu sonho. Devolva meu sonho!" Foi o que gritei quando percebi que o vendedor de queijo coalho da praia de Itapuã tinha levado os originais da primeira versão deste livro, que eu acabara de revisar.

A bem da verdade, os originais foram levados inadvertidamente dentro do saco plástico em que eu e Cristinna Patsch, com quem me casei anos depois, havíamos guardado uma camiseta, sandálias havaianas, protetor solar e uma nota de R$50.

Naquela manhã de domingo, depois de fazer vários ajustes e correções no texto durante as mais de quatro horas que passei sentado em uma barraca de praia, resolvemos dar um rápido mergulho naquele mar azul, que parecia nos convidar para uma "saideira" antes de voltarmos para São Paulo, onde residimos. Deixamos o dito saco plástico sobre uma pedra, coberto por uma toalha, e entramos na água.

Ao emergir do mergulho, notei que a toalha já não tinha mais o volume de minhas posses embaixo. Olhei ao redor e vi um rapaz andando bem depressa, levando o fogareiro do queijo coalho na mão direita e o saco plástico com os originais na esquerda.

Corremos na direção dele, gritando para que devolvesse meu sonho. Ele ouviu, correu e entrou no mato. Vi dois outros rapazes, um deles bastante forte, agachados na areia perto do local onde o primeiro tinha entrado. Não se mexeram.

"Pode ser uma emboscada", gritou Cris, ofegante, correndo logo atrás de mim. Puxei o freio de mão mental e desacelerei. Parei. Eu até poderia enfrentar um só, mas três seria muito difícil e arriscado.

Passados cerca de 15 minutos, entramos no mato à procura do envelope com os papéis. Pensei: "Levou o dinheiro, a sandália e a camiseta, mas os papéis não servem de nada. Deve ter largado por aí." Só que não encontramos!

O incidente acabou com nosso domingo, que até então estava bastante agradável. Só me recuperei no dia seguinte, quando superei o fato e comecei a refletir sobre seu significado.

Diversas questões se alternavam em meu íntimo. Deveria ter ido atrás do cara? Fiz bem em ter parado? Vale a pena morrer por um sonho? Ou devemos viver por nossos sonhos, sem nunca nos deixar morrer por eles, como disse meu saudoso amigo Luís Carlos Campos?

Cheguei à conclusão de que não existe resposta universal. Cabe a cada um julgar por quais sonhos ou causas vale a pena arriscar a própria vida, se necessário.

Mas temos de separar o sonho do objeto do sonho. Separar o desejo do objeto do desejo. As folhas digitadas eram apenas um objeto. O sonho continuava dentro de mim. Meu sonho não tinha sido roubado!

O rapaz só tinha levado um maço de folhas digitadas e algumas correções que eu seria obrigado a refazer. Os originais estavam em meu laptop e no computador da jornalista Cristina Nabuco, a quem aproveito para agradecer pela dedicação, apoio e ideias que me ajudaram a manter o foco ao longo do preparo do livro, desde que ele estava apenas em minha mente. Ela continua me ajudando nesta nova versão.

Sem esse incidente, eu talvez demorasse muito mais para entender como um sonho nos pertence, mesmo quando o objeto do sonho nos é tirado.

Senti-me bem melhor por ter transformado uma situação muito desagradável em uma oportunidade inesperada de aprendizagem, razão pela qual resolvi compartilhá-la com você.

César Souza
cesarsouza@empreenda.net

1. Acorde para sonhar!

Eleve-se alto ao céu com seus pés no chão.

"Eleve-se alto ao céu",
versão de Gilberto Gil

Todos nós temos sonhos — ou já tivemos, antes de sermos consumidos pela rotina, sufocados pelo peso dos afazeres diários. Sonhos como ter sucesso na profissão; encontrar um amor; ter filhos e garantir um futuro melhor para eles; ganhar dinheiro; comprar a casa própria; viajar; conhecer lugares; engajar-se em uma causa social ou ecológica; trabalhar pela comunidade; mudar o mundo; ter uma vida melhor e mais equilibrada em diferentes dimensões, com saúde e amigos... Enfim, ser feliz!

E o que aconteceu? Quantos de nós moram onde não querem, fazem o que não gostam, suportam o trabalho chato em uma empresa com a qual não se identificam, não se relacionam bem com o cônjuge, convivem pouco com os filhos, vivem na corda bamba, com um salário que mal dá para cobrir as despesas.

Outros talvez tenham cultivado sonhos que viraram pesadelos. Estão decepcionados com o trabalho, afundados nas prestações do carro, acuados com a violência na vizinhança, atolados em dívidas no cartão de crédito, desgastados com a ginástica de orçamento necessária para manter as aparências.

Muitos vivem uma duplicidade insustentável, divididos entre a estabilidade e a descoberta do novo. De um lado, o desejo da segurança e do conforto de ter um emprego fixo, ser casado, ter filhos, desfrutar de um mês de férias por ano, com seguro-saúde e plano de previdência, e de viver situações previsíveis e controladas. Do outro, o sonho de sair da mesmice e de experimentar situações que abram horizontes, mesmo que incertos. Enfim, a vontade de "chutar o pau da barraca".

Poucos conseguem achar a síntese desse aparente paradoxo. A solução não é simplesmente abandonar o emprego, sair da cidade, se divorciar e largar tudo. A tão sonhada aventura, o novo, pode emergir de sua própria capacidade de se renovar continuamente. Viver o novo pode ser resgatar os sonhos arquivados na alma, passíveis de serem realizados por meio de parcerias inovadoras com seu atual empregador ou até mesmo com a família.

"Nosso dia a dia é apenas uma ilusão que esconde a realidade dos sonhos", diz um dos personagens do filme *Fitzcarraldo*, dirigido pelo alemão Werner Herzog. É a história de um sonhador disposto a construir um teatro e inaugurá-lo com uma ópera em plena selva amazônica, no início do século XX.

Mergulhadas no ópio da rotina, as pessoas negligenciam seus sonhos e vão perdendo a capacidade de sonhar. Levam suas vidas sem direção, sobrecarregadas e insatisfeitas, escravas de construções burocráticas, na ilusão de que um dia tudo vai mudar, basta que ganhem na loteria, que o marido pare de fumar, que a esposa deixe de fazer isso ou aquilo, que o chefe concorde, que Deus ajude...

Você, leitor, já imaginou como será sua vida daqui a alguns anos? Acordará ao lado da pessoa amada? Sairá de casa para trabalhar onde deseja? Estará ajudando sua empresa a atingir os objetivos esperados? Fará o que gosta? Morará onde quer? Conviverá com amigos de verdade?

Se não houver ações claras e direcionadas da sua parte, é melhor não se iludir: tudo deve continuar exatamente como está.

Realizar sonhos não é obra do acaso. Requer gestos conscientes, muita disciplina e determinação, além de uma boa pitada de sorte. É preciso estar preparado, no lugar certo e na hora certa. Repito: estar preparado. Muitos não conseguem "ter sorte" apenas porque não estavam prontos para desfrutá-la na hora em que as circunstâncias poderiam ser favoráveis.

Este livro foi idealizado para ajudá-lo a resgatar a capacidade de sonhar de olhos abertos e a empreender mudanças objetivas para a concretização de seus projetos. Nele, há um passo a passo que lhe possibilitará tirar os sonhos da cabeça, colocá-los no papel e torná-los realidade.

Isso requer ações que exigirão bastante suor, apoio de familiares, amigos e parceiros, sem contar uma boa dose de coragem e ousadia para sair da zona de conforto e enfrentar as oportunidades capazes de provocar uma bela reviravolta em sua vida pessoal e profissional.

Os realizadores de sonhos apresentados neste livro agiram da seguinte maneira: planejaram cada passo que os conduziria a seus objetivos e lutaram tenazmente por eles. Hoje, lideram empresas vencedoras como Embraer, Natura, Amil, Martins, Marcopolo, Solví, Grupo Cornélio Brennand, além de diversas e várias outras que são frutos de sonhos bem desenvolvidos. Mas isso não é privilégio apenas de grandes empresas. Centenas de pequenos e médios empreendimentos também são frutos de sonhos bem executados. Por sinal, esse é o denominador comum na carreira de artistas e celebridades, como Fernanda Montenegro e Carlinhos de Jesus, e na história de empreendedores sociais, como Dra. Zilda Arns, da Pastoral da Criança, e Rodrigo Baggio, do Comitê para a Democratização da Informática (CDI).

Anônimos e pessoas menos conhecidas também sonham de olhos bem abertos. Aldaci dos Santos queria deixar de ser empregada doméstica e montar um restaurante em Salvador. Transformou-se na

Dadá, uma artista culinária reverenciada por todos que se deliciam com suas receitas. Ela é dona de um sorriso contagiante e de uma das marcas mais reconhecidas na Bahia. José Roberto Caldas Pinto, o Zé Pescador, sonhou em montar uma ONG ecológica, a Pró-Mar, e ainda hoje nos dá verdadeiras lições de empreendedorismo social na Ilha de Itaparica, na Bahia. Dilma Abidia sonhava em ter a casa própria e, após muito pelejar, resolveu montar sua barraca na badalada praia de Ipanema, no Rio de Janeiro. Inovou ao disponibilizar o aluguel de artigos como protetor solar, bronzeadores e óculos escuros. Dona de um espírito empreendedor, simples e intuitiva, tornou-se tão conhecida quanto as estrelas que frequentam a praia.

Sonhos movem o mundo

Se analisarmos a fundo a origem dos movimentos sociais, das grandes descobertas científicas, das obras de arte, das invenções revolucionárias e das criações de grandes empresas, descobriremos que isso em geral está relacionado com o sonho de um pioneiro, empreendedor, artista ou cientista. As grandes realizações são fruto do sonho de alguém. O mundo é movido a sonhos!

Personalidades históricas e políticas — como os dois JKs (John Kennedy e Juscelino Kubitscheck), Nelson Mandela, Cristóvão Colombo e, mais recentemente, o presidente norte-americano Barack

Obama — são exemplos de personagens taxados como visionários por acreditarem em seus sonhos. Todos traçaram planos para realizá-los, superaram obstáculos e, com muita determinação, mudaram a história de seu tempo. Um conquistou a América e construiu a primeira cidade do Novo Mundo, outro criou condições para a chegada do homem à Lua. "Um pequeno passo para um homem, mas um grande passo para a humanidade" — lembra-se dessa célebre frase que marcou a decolagem do astronauta Neil Armstrong? Os demais também conseguiram transformar sonhos em realidade: o fim do *apartheid* na África do Sul, a construção de Brasília e a eleição do primeiro negro para ocupar o Salão Oval na Casa Branca, simbolizando o desejo dos Estados Unidos de uma nova inserção no conturbado cenário internacional do século XXI. Sonharam com a cabeça nas nuvens, mas com os pés muito bem plantados no chão. Sonharam acordados, de olhos bem abertos!

Eles acreditaram e batalharam por seus sonhos. Isso é tema do próximo capítulo, que tem como objetivo, caro leitor, encorajá-lo a fazer o mesmo.

2. Lute por seus sonhos

Porque eu sou do tamanho do que vejo/E não do tamanho da minha altura.../E o que vejo são meus sonhos.

Alberto Caeiro,
O guardador de rebanhos

O professor de química de um colégio estadual de Bauru, interior paulista, sequer imaginava que era em uma de suas aulas que começaria a brotar o sonho que deu origem a uma das empresas brasileiras de maior projeção mundial. No dia 23 de outubro de 1946, o professor Sérgio Castro fez um discurso em memória do aniversário do voo pioneiro de Alberto Santos Dumont. Ao terminar o relato, um de seus alunos, de quase 16 anos, perguntou: "Se tivemos um Santos Dumont e temos um país tão grande, por que o Brasil não fabrica aviões?" O adolescente era Ozires Silva, que, em 1970, lideraria a fundação da Embraer, uma das maiores empresas brasileiras e uma das mais admiradas em vários lugares do mundo.

Ozires Silva praticava aeromodelismo. Tomando como base croquis norte-americanos, fazia pequenos modelos de aviões. Queria ser engenheiro aeronáutico, mas não havia esse curso no Brasil, e os pais não tinham dinheiro para enviá-lo ao exterior. Ele conta no livro *A decolagem de um sonho*:

> É curioso relembrar que, apesar de vidrados em nossos sonhos, tínhamos alguma noção das dificuldades, mas mantínhamos viva a crença de que um dia poderíamos participar dos esforços para torná-los realidade.

Aos 19 anos, decidiu entrar para a Força Aérea Brasileira, mas precisou vencer a resistência da mãe, que não aprovava a ideia de ter um filho aviador. Formou-se piloto da Aeronáutica. Serviu na Amazônia, trabalhou no Correio Aéreo Nacional, no Rio de Janeiro, e foi galgando postos na carreira militar. Até que, em maio de 1958, um voo mudou sua vida.

Ozires Silva foi acordado de madrugada para acompanhar o major Antenor Coelho de Souza, que cursava o Instituto Tecnológico de Aeronáutica (ITA), na cidade de São José dos Campos, em São Paulo. Durante as duas horas de voo, fez muitas perguntas sobre o curso, e o major o surpreendeu dizendo que ele preenchia todas as condições para requerer ao ministro da Aeronáutica a autorização para concorrer a uma vaga no Instituto. "Quase não acreditei no que ouvi", relembra, sem esconder a emoção.

> O que ocorreu naquele momento é difícil descrever. Fiquei com a forte impressão de que tinha embarcado naquele avião como piloto e descido como engenheiro. Sentia-me outra pessoa. Naquela noite, não consegui mais dormir. A empolgação era quase incontrolável.

Outro grande passo foi dado quando Ozires conheceu o coronel Casemiro Montenegro Filho, um dos fundadores do ITA. O encontro de dois sonhos viabilizou a Embraer. Em setembro de 1964, o então engenheiro aeronáutico Ozires Silva assumiu a chefia do Departamento de Aeronaves. Quatro anos depois, em outubro de 1968, sua equipe apresentava o protótipo do primeiro avião brasileiro, o Bandeirante.

A ideia era produzir um aparelho que pudesse ser vendido no Brasil e exportado para outros países. Eles sabiam que isso só seria possível se conseguissem fabricar uma aeronave que preenchesse competitivamente as demandas do mercado aeronáutico em termos de performance, confiabilidade, preço e assistência técnica. O sonho do adolescente de Bauru virava realidade. Em 1984, quase 15 anos após a fundação da Embraer, o Bandeirante já operava em 26 países.

Sonhos, a primeira etapa da estratégia

Ozires não desistiu de seus sonhos, mesmo depois de enfrentar obstáculos como ouvir o então presidente da Cessna, na época um dos maiores fabricantes mundiais de aeronaves de pequeno e médio porte, chamar seu projeto de "burro". Em vez de ficar desestimulado, ele persistiu com determinação. Queria provar que o Brasil tinha condições de fabricar um avião comercial inteiramente nacional.

E, de fato, Ozires tinha descoberto uma oportunidade. Observou que os grandes jatos que começavam a ser utilizados não pousavam nas cidades pequenas e médias do Brasil porque necessitavam de aeroportos com pistas maiores. Em 1958, o número de municípios brasileiros com tráfego aéreo era maior do que uma década depois.

Ozires ficava se perguntando: "Será que no futuro não terá um serviço de transporte aéreo nas cidades menores?" Em 1965, ele decidiu transformar o sonho em realidade e iniciou o projeto IPD 6504 para construção da aeronave Bandeirante, responsável pela revolução da indústria aeronáutica brasileira.

> Pensei em criar um pequeno avião, robusto, capaz de operar em aeroportos típicos do interior e de transportar passageiros em número compatível com a geração de demanda das pequenas cidades.

Plantava, assim, a semente para o futuro da aviação regional, que passou a interligar cidades de porte médio e encontrou mercado em países de dimensões continentais, como os Estados Unidos.

A Embraer se consolidou baseada em pelo menos quatro grandes sonhos: o do pai da aviação Santos Dumont; o de Casemiro Montenegro; o de Ozires Silva; e o de Maurício Botelho, que assumiu a presidência da empresa em 1995, no momento em que foi privatizada, e liderou sua transformação em uma empresa de nível mundial, elevando-a ao posto de terceira maior empresa de aviação comercial do mundo, atrás apenas da Boeing e da Airbus.

Hoje em dia, a Embraer é comandada por Frederico Curado, considerado verdadeira "prata da casa". Fred, como é carinhosamente chamado por seus subordinados, continua sonhando acordado e com os pés no chão, já visualizando a fabricante nacional de aeronaves em um novo patamar.

Quando a estratégia das empresas nasce de sonhos bem sonhados, as coisas tendem a dar certo. Ao contrário do que se supõe, o planejamento estratégico não é apenas o resultado de uma sequência de eventos racionais e objetivos. Quando é assim, surge o fantasma da "resistência à mudança", quase sempre uma reação inevitável à falta de atenção para com o lado emocional de quem planeja.

A realidade da estratégia das empresas vencedoras é muito diferente do que muitos imaginam. Somos levados a pensar que existe uma lógica por trás da estratégia: os diretores se reúnem, consultam as pesquisas mais atualizadas e confiáveis, definem a fatia de mercado a ser atendida, discutem as possibilidades e elaboram um plano de ação.

Vários casos de sucesso indicam que nem sempre é assim. As estratégias empresariais muitas vezes são fruto de um desejo pessoal transformado em sonho coletivo. O líder tem um sonho, transforma-o em projeto, descobre as necessidades de seus clientes potenciais, formula um modelo de negócio, busca aliados, expressa suas aspirações e luta por elas, motiva parceiros, investidores e funcionários, e a empresa toda abraça a causa.

As estratégias vitoriosas são aquelas que resultam em um tripé bem equilibrado de sonhos: o do líder empreendedor, o dos clientes e o das equipes e parceiros.

A Sony se projetou no mercado internacional graças ao sonho e aos esforços de Akio Morita, seu legendário criador. Em 1963, esse empresário japonês se mudou com a família para um apartamento na Quinta Avenida, em Nova York, onde viveu durante um ano. Queria vender para os norte-americanos, então decidiu conhecer o modo de vida deles. Analisando os costumes do país, sonhou com o primeiro walkman, lançado em 1979. Quando morreu, em 1999, aos 78 anos, Morita foi apontado pela revista *Time* como um dos vinte maiores homens de negócios dos Estados Unidos no século XX. Foi um sonhador comprometido com a causa de transformar o Japão em uma potência exportadora, um homem obcecado com o perfeccionismo da tecnologia, o que acabou projetando a Sony no mundo.

Morita teve muita influência sobre meu modo de pensar a estratégia, ao revelar, durante um encontro casual que tivemos em Davos, na Suíça, em 1988, que a estratégia da Sony foi impulsionada por um forte desejo pessoal. "Ainda vou inundar o mercado europeu com os produtos da Sony", prometeu a si mesmo, após ter sido ridicularizado por um garçom em Amsterdã.

Os exemplos da Embraer e da Sony ilustram como o desejo de uma pessoa pode se transformar em uma poderosa alavanca para converter sonhos em realidade. O sonho é a primeira etapa para a estratégia de uma empresa e para a carreira de alguém como você, leitor.

Mas cabe aqui uma constatação muito importante: sonhar é necessário, mas não suficiente. Uma vez definido o sonho, a visão de aonde se quer chegar, o passo seguinte consiste em fazer escolhas para atingi-lo. Estratégia exige a coragem de dizer *não*.

Aprendi isso logo cedo, com Josias Aguiar de Souza, meu saudoso pai. Na década de 1950, sem ter concluído o ensino básico e já com bem mais de 20 anos, ele resolveu aprender inglês em um curso por correspondência. Notara que na loja A Lâmpada, em Salvador, onde trabalhava como balconista, apareciam muitos marinheiros norte-americanos desembarcados de navios que faziam escola técnica na capital baiana. Na época, ele sequer era alfabetizado em português.

Meu pai sonhava em ser vendedor, e percebera que só teria essa oportunidade caso se diferenciasse dos outros. Eu ainda me lembro — e na época literalmente ainda engatinhava — da vitrola tocando as lições em discos de 75 rpm, com frases como *"this is a pencil"* ou *"the book is on the table"* e do velho Josias repetindo cada frase com muita animação. Aprender inglês foi um instrumento para dar um importante passo em direção aos sonhos dele. Mais tarde, tornou-se gerente de vendas em uma conhecida revendedora de automóveis.

A resposta para nossos desafios não reside em técnicas ou em currículos enfeitados, mas em atitudes perante a vida.

Revelações inesperadas de presidentes de empresas

Reunir presidentes de empresas para falar sobre sonhos: a ideia aparentemente insólita começou a se delinear em meados de 2001. Uma das maiores demandas dos profissionais de Recursos Humanos (RH) sempre foi que o topo das empresas se envolvesse mais com a gestão de pessoas. Na opinião deles, os líderes pareciam só dar importância à parte comercial, financeira ou política da vida organizacional. Minha experiência mostrava que não era bem assim. Que visão estaria mais próxima da realidade?

Ao trocar ideias com Luiz Edmundo Rosas, profissional que sempre se destacou na área de RH por seu trabalho como vice-presidente desse departamento em pelo menos três grandes empresas, decidimos criar o I Fórum dos Presidentes, o evento que seria parte do 27º Congresso Nacional de Recursos Humanos — para o qual eu fora convidado como coordenador, com a missão de revitalizar o evento. Embora o encontro tivesse âmbito nacional, até então era restrito aos profissionais da área. Abraçamos a ideia e criamos o fórum de presidentes, tendo como inspiradores e apoiadores o então principal executivo do Grupo Accor, Firmin António, e um dos presidentes da Natura, Guilherme Leal.

Enviamos cem cartas-convite a presidentes de grandes empresas brasileiras, na expectativa de atrair vinte ou, no máximo, trinta. Na semana seguinte, cinquenta confirmaram a participação. Em mais uma semana, eram cem inscritos. A procura foi tanta que houve até lista de espera. O evento reuniu 137 líderes empresariais para debater: *O que tira o sono dos presidentes?* O envolvimento direto dos líderes na gestão de pessoas foi bastante discutido no fórum, que obteve sucesso de público e de ideias. Mostrou que os presidentes das empresas, ao contrário do que se pensa, são pessoas sensíveis, humanistas, visionárias e que valorizam a gestão de talentos.

Repetimos a dose em 2002, dessa vez com ousadia ainda maior. A segunda versão do Fórum dos Presidentes abordou: *Que sonhos farão a diferença?* O sonho toca na parte intangível das empresas. Havia a impressão de que o assunto poderia afugentar presidentes acostumados à discussão de temas mais palpáveis. Ocorreu exatamente o contrário: os líderes empresariais demonstraram muito interesse e participaram intensamente das discussões. A resposta de um dos presentes à pergunta sobre qual era seu maior pesadelo foi aclamada como consenso: "Meu maior pesadelo é perder a capacidade de sonhar, é não ter mais sonhos."

O evento foi precedido de uma pesquisa promovida pela Associação Brasileira de Recursos Humanos (ABRH). Os 85 empresários inscritos receberam um questionário com nove perguntas sobre seus sonhos para a empresa, o Brasil e a vida pessoal.

Aumentar a rentabilidade do negócio, estabelecer um modelo de gestão de sucesso e obter reconhecimento pela qualidade dos produtos ou serviços foram os sonhos que os presidentes consideraram mais relevantes *para suas empresas*.

Entre os sonhos *para o futuro do Brasil* discutidos no II Fórum dos Presidentes, destacaram-se: desenvolvimento sustentável, diminuição da desigualdade social e melhoria da educação.

Finalmente, no que se refere à *vida pessoal*, o sonho mais citado foi, de longe, conseguir equilibrar trabalho e vida pessoal. Em seguida, com uma pequena margem de diferença, vieram investir mais na própria saúde e qualidade de vida e garantir o futuro dos filhos.

Mas a grande revelação veio quando todos os sonhos foram postos na balança: 47% dos presidentes elegeram como prioridade os sonhos para a vida pessoal, 38%, os sonhos para o Brasil e apenas 15% escolheram os sonhos para sua empresa. Em resumo, a principal mensagem que ficou foi: "Só posso construir uma empresa feliz e competitiva se eu também for feliz."

O maior incentivo para que esses líderes empresariais continuem sonhando reside na esperança de transformar o meio em que atuam. Eles compartilham a crença de que sonhar é essencial para se manterem motivados. Apontam a capacidade de sonhar, aliada ao desejo e à determinação por resultados, como a força motriz do sucesso empresarial. E mais: o relatório produzido em conjunto pelos participantes do II Fórum de Presidentes enfatizou que "os sonhos determinam as metas e aspirações de uma empresa. Sem sonhos, as empresas não evoluem!".

Se até os presidentes de empresas lutam por seus sonhos, por que você, leitor, também não pode se esforçar para transformá-los em realidade?

Os sonhos podem ter um papel decisivo em nossa história individual. Costuma-se dizer que o que somos hoje é resultado de nossas experiências passadas. Porém, de acordo com Michael Jensen, professor emérito da Harvard Business School, "o que somos hoje e o que seremos amanhã se relacionam com o que há em nosso futuro". Quem já sentiu aquela angústia no fim das férias ou no domingo à noite, ao começar a arrumar as coisas para a volta ao trabalho no dia seguinte, sabe a que o professor se refere.

Superando eventuais traumas do passado, que podem se tornar obstáculos mais adiante, criamos a possibilidade de colocar o que quisermos no futuro, inclusive um sonho. Não somos obrigados a aceitar o que o destino nos reserva. Podemos decidir fazer escolhas e inventar nosso próprio futuro.

Cabeça nas nuvens, pés no chão

Acredite em seus sonhos, mas sonhe acordado, de olhos bem abertos e de preferência com a cabeça nas nuvens e os pés no chão. O sonho é nossa metáfora para o sentido da realização pessoal, do desejo; da vontade de inventar o futuro — e não apenas tentar adivinhá-lo.

A cabeça nas nuvens nos permite fugir do lugar-comum, ver além do horizonte e encontrar alternativas inovadoras, soluções impensadas. Por isso, ser chamado de "louco" é um denominador comum na biografia de vários realizadores de sonhos.

Mas não estou sugerindo planos mirabolantes que poderiam fazer do leitor um autor de obras inacabadas e de empreitadas malsucedidas. Tampouco proponho a megalomania como atitude diante da vida. A propósito, sempre gosto de dizer que cada um é do tamanho de seus sonhos, mas que "a fita métrica" é individual. Só a pessoa pode avaliar o verdadeiro tamanho do seu sonho. O que pode parecer pequeno para você talvez signifique muito para a minha vida. E vice-versa.

Então cuidado para não sair por aí medindo os sonhos alheios. Procure definir os seus! Lembre-se sempre: a fita métrica dos sonhos está dentro de cada um.

Existe, ainda, a contrapartida: esse sonhar precisa ser focado e factível, mesmo que ambicioso e ousado. É um sonho que renova, mobiliza, compromete e estimula a pensar e agir. Pés no chão!

Mais um detalhe: não existe mágica. Sonhar, por si só, não garante nada. É preciso transformar desejos em projetos e projetos em ações concretas.

Sem uma estratégia consciente, nada produzimos. Adotar a postura de manter a cabeça e os pés nas nuvens só resulta em delírio, o que não leva a lugar algum.

Outro equívoco é inverter a ideia: ter a cabeça no chão e os pés nas nuvens, querer curtir a vida sem estratégia e sair gastando a torto e a direito, sem planejar. Não é o que estou propondo. O sonho produtivo passa longe de um devaneio, capricho infantil, fantasia e tudo o mais que fuja à realidade.

Há, porém, uma postura ainda pior: ter a cabeça e os pés no chão. Infelizmente, boa parte das pessoas está assim, estática! Empresas adotam tal postura quando, no intuito de reduzir gastos, optam por fazer economias tolas: cortam cafezinho, clipes...

Ou alimentam os tipos controladores, que vigiam rigorosamente a hora de entrada e saída dos funcionários. Em épocas de crise, então, os pessimistas de plantão sempre acham que "é hora de cair na real e parar de sonhar", enterrando a cabeça no chão. Grande engano: é nesse momento que mais se precisa de criatividade e ousadia para encontrar um modo de superar as adversidades. O resultado de proibir as pessoas de sonhar é uma paralisia generalizada, em que dificilmente se cultivam alternativas. As pessoas ficam sem estratégia, presas em uma camisa de força.

Muita gente se dedica à profissão e deixa de lado a felicidade pessoal. Talvez o leitor argumente: depois do expediente, podemos correr atrás do prejuízo. Mas o sonho não deve ser apenas um hobby, um apêndice na vida. É uma ilusão achar que felicidade e qualidade de vida são alcançadas fora do trabalho, malhando na academia, bebendo no happy hour, compensando a tristeza diária com paliativos, karaokês noturnos e churrascos de fim de semana.

Não basta sonhar fora do escritório, ser feliz só após as 18 horas. É necessário achar seu sonho no trabalho. Se for preciso, altere a forma de desempenhar suas funções. Mude de cargo, ou, se não tiver jeito, troque de empresa.

Você com certeza já percebeu que os espaços empresa e trabalho não são mais delimitados como no passado, no tempo em que ainda era possível deixar a vida profissional fora de casa. Com o advento do celular e da internet, um espaço passou a invadir o outro, e a vida profissional e a pessoal agora se confundem 24 horas por dia. Portanto, é importante conciliar as duas esferas, integrá-las e obter satisfação em ambas.

Você também já desconfia que o sonho não é sinônimo de ilusão, obsessão, fixação. Aos 8 anos, a menina talvez pretendesse ser primeira bailarina do Theatro Municipal. Aos 35, esse objetivo pode ter se tornado impossível. E, ainda que fosse viável, não existe a obrigação de realizar um sonho de criança — a menos que ainda valha a pena para o adulto de hoje.

O sonho não é uma camisa de força. Não é estático, mas dinâmico. Pode ser comparado a um alvo móvel. As circunstâncias mudam, os desejos também.

O apego exagerado a um sonho faz perder a oportunidade de concretizar outros. O grande perigo é não realizar nenhum, morrendo apegado à ideia de como sua vida poderia ter sido e não foi.

Em vez de ficar amarrado a um único sonho, escolha objetivos múltiplos. Tenha um alvo para a vida pessoal e a família, outro para a empresa, mais um para a comunidade. Diferentes aspirações podem conviver em paz, sem desperdício de energia, desde que você se organize.

Ninguém pode sonhar por você. O leitor com certeza conhece alguém cujo pai sonhava ser advogado, mas não teve oportunidade de realizar esse desejo, e o filho cursou Direito para corresponder à expectativa da família. Esse enredo predispõe um final infeliz.

O sonho é um projeto pessoal, mas as outras pessoas são fundamentais para alcançá-lo. Ninguém o realiza sozinho. Walt Disney afirmou certa vez: "Você pode sonhar, projetar, criar e construir o lugar mais maravilhoso do mundo, mas precisará de pessoas para tornar o sonho realidade." A grande realização de Walt Disney não foi o Mickey ou a Branca de Neve. Seu ato mais genial foi ter moldado uma organização capaz de "dar vida" a esses e tantos outros personagens.

Meu conterrâneo Raul Seixas, em sua simplicidade desconcertante, também refletiu sobre o valor da sinergia e, em parceria com Paulo Coelho, compôs "Prelúdio", uma música que diz: "Sonho que se sonha só/É só um sonho que se sonha só/Mas sonho que se sonha junto é realidade."

Nesta sociedade viciada em competências técnicas, achamos que somos reconhecidos por nossas habilidades. Entramos em escolas para aprender modelos macroeconométricos, técnicas de recrutamento e seleção de pessoas, pesquisas de mercado sofisticadas, fluxos de caixa descontados; para obtermos doutorado em metodologia disso e daquilo.

Achamos que o sonho é fazer um mestrado, ter um MBA, dominar o computador, fazer modelagens da realidade em linguagem virtual ou simplesmente ganhar dinheiro. Esses são apenas instrumentos para se chegar lá.

Devemos parar de desperdiçar nosso tempo em somar habilidades, encher o currículo de competências. A habilidade suprema é ter um plano factível que viabilize a realização de nossos sonhos. Devemos ser reconhecidos pelas escolhas que fazemos para chegar aonde queremos.

Em vez de "apenas" buscar sobreviver na dura realidade que nos cerca, tentando adivinhar o futuro, invente o futuro. Exatamente como fez Ozires Silva, cujo sonho foi a primeira etapa da estratégia do que viria a ser a Embraer. E Akio Morita, que fundou a Sony em circunstâncias adversas, literalmente sonhando nos escombros de um prédio semidestruído pelo bombardeio no final da Segunda Guerra Mundial. Sonhar é inventar o futuro!

Sonhar com os olhos abertos é muito mais. Diz respeito às escolhas que fazemos: onde quero estar, o negócio ao qual vou me dedicar, os clientes que pretendo atender, o lugar em que quero morar, a educação que desejo para meus filhos, os amigos que planejo ter, a causa que vou abraçar.

Sonhar é inventar o futuro

Você já deve ter se flagrado especulando sobre o que poderá acontecer no futuro. Como estará a economia mundial, o ritmo de crescimento do país, as taxas de câmbio, os juros e a inflação? Como será o próximo governo? E seu emprego, estará garantido?

No fim de cada ano, ficamos mais empenhados em fazer previsões e elaborar aquelas famosas listas de coisas que gostaríamos de realizar no ano seguinte. Mas, passados os festejos do réveillon, tendemos a entrar na rotina, na labuta do dia a dia. O que continua são os exercícios de futurologia. A cada acontecimento inesperado, as previsões anteriores são desfeitas, e começamos novas especulações. Passamos muito tempo tentando adivinhar o que virá a seguir.

Contudo, o papel que precisamos desempenhar como líderes de nossas vidas não é o de adivinhar o futuro, mas de inventar o futuro que desejamos para nossas vidas. A melhor forma de adivinhar o futuro é procurar inventá-lo.

Sonhar acordado — e não quando estamos dormindo — é inventar o que está por vir. Precisamos acreditar em nossos sonhos e lutar por eles. Sonhar de olhos abertos, com a cabeça nas nuvens e os pés no chão.

Que tal começar a inventar seu futuro agora mesmo? Para isso, convido você a fazer o exercício a seguir, listando alguns sonhos que teve no passado.

1. Aos 7 anos, sonhei:

....

....

....

....

....

....

....

....

....

Exemplo: Ser médico, ser primeira bailarina no Theatro Municipal, ser jogador de futebol, ser um cientista e descobrir a cura do câncer etc.

2. Aos 18 anos, sonhava:

....

....

....

....

....

....

....

....

....

Exemplo: Encontrar um amor, morar no exterior, me formar em Engenharia, morar sozinho etc.

3. Liste alguns sonhos que você gostaria de realizar a partir de hoje.

....

....

....

....

....

....

....

....

....

Exemplo: Começar um negócio e ser meu próprio chefe, ter o primeiro filho, me divorciar, comprar uma casa na praia, contribuir com uma causa social etc.

3. Trace o seu mapa de sonhos

De tudo, ficaram três coisas: a certeza de que ele estava sempre começando, a certeza de que era preciso continuar e a certeza de que seria interrompido antes de terminar. Fazer da interrupção um caminho novo. Fazer da queda um passo de dança, do medo uma escada, do sonho uma ponte, da procura um encontro.

Fernando Sabino,
O encontro marcado (1956)

Um futuro justo, no qual as populações ribeirinhas não terão mais que enfrentar o sofrimento causado pelas cheias do Amazonas e de seus afluentes, que trazem a inundação de suas terras, a fome, as doenças e a hipocrisia dos políticos. Esse é um dos sonhos de Ronilson da Silva Procópio, aluno de uma escola pública em Benjamin Constant, interior do Amazonas. Quando frequentava o 6º ano, em 2003, ele ganhou o prêmio Escrevendo o Futuro, instituído pelo Banco Itaú. "Que futuro nós, filhos desses trabalhadores, esperamos? Pois somos julgados pelo que temos, e não por sermos pessoas inteligentes", escreveu na redação vencedora, lida pela escritora Lygia Fagundes Telles no dia da premiação. Um momento de profunda emoção para Ronilson, que realizou um de seus inúmeros sonhos.

Mudar o mundo, descobrir a cura de uma doença, lutar pela paz, acabar com a fome no país. Sonhos de grande repercussão social podem se transformar na razão de uma vida. Mas não são as únicas possibilidades. Há vários outros tipos de sonhos, bem mais elementares. Poder usar produtos básicos como molho de tomate, sabonete, desodorante e amaciante de roupas ainda constitui o sonho de consumo de milhões de brasileiros.

Morar em uma casa própria, desfrutar de um seguro-saúde e ser reconhecido por seu trabalho também são aspirações comuns a muita gente.

O tipo de sonho que uma pessoa cultiva está diretamente ligado às suas necessidades, como demonstrou Abraham Maslow, cientista norte-americano famoso na década de 1950 por sua teoria da hierarquia da motivação humana.

Mapa de sonhos

Inspirados nas ideias de Maslow, podemos construir um "mapa de sonhos" que contemple pelo menos seis aspectos de nossas vidas:

- Trabalho e realização profissional
- Vida familiar
- Vida comunitária
- Cidadania no país e no mundo
- Qualidade de vida, saúde, desenvolvimento espiritual (que chamarei de *sonhos íntimos*)
- Realização financeira

Vamos refletir um pouco sobre esse mapa de sonhos e também sobre o *sonho empreendedor*, o de montar o negócio próprio. Além disso, pretendo abordar situações que confundimos com sonhos, entre elas os desejos mais fugazes, como o de virar uma *celebridade* e a *compulsão consumista*, que faz muita gente supor que basta adquirir determinados bens para alcançar a felicidade ou a tão alardeada qualidade de vida.

Sonhos no trabalho e realização profissional

Ter uma profissão, dedicar-se a ela, fazer o que gosta. Ser valorizado pela empresa em que trabalha. Ter o emprego ideal. Ser respeitado e bem cotado no mercado. Tornar-se um médico admirado, uma secretária reconhecida, um projetista renomado. Ser referência naquilo que faz. Ganhar prêmios. Fazer negócios, participar de avanços científicos que favoreçam a cura de doenças, desenvolver uma nova teoria, compor músicas de sucesso, virar escritor, produzir peças de teatro e filmes, enfim: fazer contribuições importantes em seu campo de especialidade. Essas são algumas possibilidades de sonhos referentes à carreira.

Um belo exemplo de sonho profissional fora do tradicional mundo corporativo foi dado pelo biólogo José Márcio Ayres, um dos cientistas brasileiros mais respeitados no mundo e premiado na área de conservação da biodiversidade. Ayres faleceu devido a um câncer no pulmão. Nos anos 1980, verificou que as matas de várzea do Mamirauá, na região do médio Solimões, Amazônia, eram foco de ameaças ambientais que colocavam o macaco uacari-branco, alvo de suas pesquisas, em risco de extinção.

Graças ao empenho desse biólogo, o governo do Amazonas criou duas reservas de desenvolvimento sustentável, Mamirauá e Amanã, que juntas abrigam mais de 3 milhões de hectares de floresta tropical protegida. A medida mais original de Ayres foi inventar um sistema de gestão participativa, que inclui a população local no manejo e vigilância dos próprios recursos. As reservas foram divididas em áreas diferentes: uma para a pesca de subsistência, outra para exploração comercial.

"Quando entro no barco e estou viajando pelo Mamirauá, me sinto em casa. Estar nesta floresta é um dos meus maiores prazeres. É aqui, basicamente, que está o trabalho de toda a minha vida", disse o pioneiro. Durante vários anos, seus esforços contribuíram para uma redução significativa da mortalidade infantil na área da reserva.

Já no mundo corporativo, os sonhos têm mudado muito. Foi-se o tempo em que os talentos eram incondicionalmente leais à empresa. Hoje, são mais fiéis à profissão, comprometidos consigo mesmos. Resistem à tentação de engaiolar seu futuro em troca da pretensa estabilidade de um emprego. As estratégias de carreiras que foram vitoriosas na maior parte do século XX não oferecem mais garantia de sucesso. As pessoas não se comprometem mais com a mesma intensidade de outrora, com a carreira dentro de uma empresa. O sonho do "homem organizacional" parece estar chegando ao fim. Esse sonho virou pesadelo para a maioria. O índice de infelicidade tem aumentado em todos os níveis nas empresas. Os chefes, gerentes, superintendentes e executivos já não desfrutam tanto as benesses das promoções e dos cargos, pois o custo emocional é alto. A seus subordinados, então, muitas vezes não resta saída que não conviver com níveis insuportáveis de pressão.

Então, o que motiva uma pessoa a trabalhar e a se comprometer com determinada empresa? Essa deixou de ser uma resposta fácil. As empresas fazem esforço para se tornarem atraentes, mas poucas conseguem sucesso na mais elementar das missões: contribuir para a realização dos sonhos de seus colaboradores.

Hoje em dia, as empresas estão focadas em uma lista de critérios para serem consideradas um bom lugar para trabalhar. Os mais mencionados pelos especialistas e jornalistas são: treinamento e oportunidades de carreira, autonomia nas decisões, remuneração, benefícios, segurança e confiança na gestão, imagem da empresa, clareza e abertura na comunicação interna, camaradagem no ambiente de trabalho, responsabilidade social.

Inúmeras pesquisas tratam de verificar o peso de cada um desses fatores para identificar o que retém as pessoas mais talentosas. O item mais citado tem sido autonomia e liberdade para executar o trabalho, seguido da existência de desafios, perspectivas de evolução de carreira e qualidade dos dirigentes. A remuneração e os benefícios complementares sempre aparecem entre os dez primeiros lugares, mas raras vezes entre as cinco primeiras posições.

O problema é que nem sempre as empresas oferecem o que os colaboradores procuram. O mundo do trabalho vive um descompasso: as pessoas querem autonomia e missões desafiadoras, enquanto a maioria das empresas ainda oferece "fatores higiênicos", como salários, benefícios e adereços ligados à liturgia dos cargos. Por isso, perdem talentos para concorrentes ou para negócios próprios montados por colaboradores insatisfeitos e desmotivados.

As pessoas buscam um significado para suas vidas, algo que transcenda as tarefas, o dia a dia, o trabalho rotineiro. Querem criar, superar desafios. Esperam que seus sonhos sejam parte integrante do sonho da empresa. Procuram uma causa para abraçar, algo que os dignifique e os encha de orgulho. Querem pertencer a algo por que vale a pena se empenhar e, em alguns casos, até se sacrificar.

Devido a esse descompasso, muitos artistas, atletas, cientistas, executivos, enfim, vários tipos de profissionais lutam para ser reconhecidos independentemente do sucesso da organização em que atuam. É o caso dos atletas, para os quais é mais importante ser escolhido como o melhor jogador do ano do que o time em que atuam ser o campeão da temporada.

E você, já considerou qual é seu sonho profissional? O que gostaria de realizar nos próximos dois anos?

Sonhos na vida familiar

Ser amado e respeitado pelos filhos, relacionar-se bem com seu parceiro, desfrutar o lazer em família, desenvolver laços de apoio mútuo, morar em um bairro melhor e oferecer boa educação às crianças são alguns exemplos. Boa parte dessas metas é subjetiva e não chega a se transformar em projeto. Algumas famílias, porém, estão desenvolvendo formas de melhorar a convivência e a gestão desses assuntos.

Os consultores Renato e Rosa Alba Bernhoeft vão mais longe. O casal, que atua na área de sucessão de empresas familiares, vive um "sonho a dois". Ao longo de mais de quarenta anos de casamento, construíram "pautas", que definem como

> verdades emergidas do sonho, parcelas de esperança e de fogo que nos incendiava a imaginação e, apesar de parecerem coisas de amor jovem, se tornaram parte ativa de nosso contrato de vida.

Tais pautas são: lutar para se manter juntos e construir uma vida a dois; olhar o futuro; para tudo sempre há uma saída.

Rosa é peruana; Renato, alemão. Conheceram-se no aeroporto. Apesar das diferenças culturais, os dois tinham uma convergência de ideais. Estavam no início da carreira, trabalhando como voluntários em projetos de desenvolvimento comunitário. Sonhavam em transformar a sociedade, servindo e respeitando os outros. Em três meses, estavam casados. Três anos e três filhos depois, mudaram-se para o Brasil em plena década de 1970, no auge da ditadura militar. Suas profissões eram as que menos agradavam ao sistema vigente: ela era assistente social; ele, jornalista.

Depois de um começo difícil e de muito trabalho, conseguiram vencer. "Não a qualquer custo", confidenciou Rosa, que gosta de ser definida como uma brasileira nascida no Peru.

> Foi um movimento contínuo de construção, aproveitando oportunidades, tomando posições, tendo a certeza de que o sonho tomava corpo e nos desafiava a fazê-lo crescer, convictos de que saímos de quase nada para muito mais do que imaginávamos e de que tudo não terminava ali, que seguia adiante.

Rosa e Renato transmitiram suas "pautas" aos cinco filhos, Leonor, Carmen, Marita, Renata e Gustavo. Hoje, estão todos casados e com carreiras construídas. Desde pequenos, o sofá da sala era o ponto de encontro da família. Ali, pais e filhos fazem reuniões em que expressam suas verdades, críticas, contradições, diferenças.

> Essas reuniões nos permitiram conhecer, compartilhar e apoiar as ações de cada um sobre seu próprio sonho. Fez de nós parceiros em todos os projetos. Tanto é que cada um carrega consigo uma aliança de quatro aros. Cada aro traz o nome de um dos quatro irmãos gravados para representar a certeza de que, onde quer que esteja, ou seja qual for sua necessidade, haverá quatro pessoas com as quais poderá contar.

Pode-se dizer que Rosa é "engenheira química". Não porque trabalhe em laboratórios, mas porque, além de seu reconhecido talento como *coaching* de executivos, pratica uma alquimia da felicidade em sua família.

Sonhos para a vida comunitária

Iniciar projetos que gerem bem-estar à população carente da cidade onde vive, dedicar-se a causas ecológicas no bairro em que mora, cuidar da segurança do prédio em que habita, participar de iniciativas que favoreçam o desenvolvimento local ou de programas de solidariedade quando há catástrofes como enchentes, terremotos etc. são exemplos de sonhos para a vida comunitária.

Uma iniciativa de peso, a Pastoral da Criança, nasceu de uma reunião da ONU em Genebra, quando o então diretor executivo da Unicef convenceu o cardeal Dom Paulo Evaristo Arns de que seria possível salvar milhares de crianças que morriam de doenças que poderiam ser prevenidas, como a desidratação. Ao voltar para o Brasil, Dom Paulo conversou com sua irmã, a médica pediatra e sanitarista Zilda Arns. Em setembro de 1983, a Pastoral da Criança iniciou suas ações básicas de saúde, nutrição, cidadania e educação comunitária no município de Florestópolis, no Paraná. Vinte anos depois, acompanhava mensalmente cerca de 1,2 milhão de famílias em bolsões de pobreza do campo e da cidade localizados em 27 estados brasileiros. Países da América Latina, África e Ásia estão implantando organizações comunitárias nos moldes da Pastoral. Infelizmente a Dra. Zilda Arns foi fatalmente vitimada pelo terremoto no Haiti em janeiro de 2010, no cumprimento de sua missão humanitária.

Várias pessoas têm dedicado uma parcela considerável de seu tempo e energia a projetos de voluntariado, participando de iniciativas nas áreas de saúde e educação, visando à melhoria da qualidade de vida nas comunidades. O Instituto Solví, braço de um grupo empresarial com foco na engenharia ambiental, é uma dessas instituições que têm definido objetivos e indicadores claros sobre o número de pessoas beneficiadas por seus projetos sociais nas comunidades de vários pontos do país onde a empresa atua. As ações do Instituto Solví são um reflexo dos sonhos de desenvolvimento comunitário dos líderes e colaboradores da empresa.

Você, leitor, está engajado em alguma atividade comunitária ou de voluntariado em sua escola ou empresa, no bairro ou na cidade onde reside?

Sonhos para o país e o mundo

Combater as injustiças, a miséria e a desigualdade não é apenas plataforma de políticos em campanha. Existem pessoas que dedicam a vida a essa causa. Iniciam programas de solidariedade para auxiliar os desfavorecidos, lutam contra a fome, abrem uma empresa especializada ou investem no desenvolvimento de tecnologia para que o país deixe de depender de importações. Nesse caso, o desejo profissional e o sonho para o país entram em sintonia.

Ao longo de sua história, o Brasil teve uma boa cota de sonhadores. Registro dois exemplos: Tiradentes, que deu a vida pelo sonho da liberdade, e o barão de Mauá, primeiro empreendedor brasileiro que, dentre várias iniciativas, construiu navios, criou um banco e fez chegar a luz elétrica à cidade do Rio de Janeiro.

Mas talvez ninguém exemplifique melhor a transformação de um sonho em um projeto para este país do que o ex-presidente Juscelino Kubitschek. A primeira vez que ele mencionou o desejo de construir

Brasília foi em um comício em Jataí, interior de Goiás, em 1955, depois de ser interpelado por um rapaz de apelido Toniquinho. Como chovia muito e o público era pequeno, os organizadores decidiram transferir o comício da praça para um armazém de arroz, e os presentes puderam fazer perguntas ao candidato à presidência. Foi aí que Toniquinho, enchendo-se de coragem, indagou: "Se o senhor for eleito, vai cumprir aquele artigo da Constituição que estipula mudar a capital do Brasil para o interior?" Ao responder enfaticamente que sim, Juscelino assumiu um compromisso público.

O curioso é que a ideia da transferência já era cogitada desde os tempos coloniais. Um dos primeiros defensores foi o marquês de Pombal, como revela Claudio Bojunga em seu livro *JK: o artista do impossível*. Depois foi a vez de José Bonifácio, conhecido como o Patriarca da Independência, sugerir a mudança da capital do Rio de Janeiro para o interior do país. Os republicanos resgataram essa bandeira, discutida em detalhes pela Constituinte de 1946, da qual Juscelino Kubitschek participou como deputado.

Ao ser eleito presidente, Juscelino pretendia promover cinquenta anos de progresso em cinco anos de governo. Tinha um plano com trinta metas para as áreas de educação, energia, automobilismo, siderurgia etc. A construção de Brasília foi a 31ª, chamada de "meta síntese". Juscelino afirmou com palavras que parecem proféticas:

> Brasília significa a disciplina e o equilíbrio econômico do país, que há quatrocentos anos vem crescendo de um lado só, na faixa litorânea. É possível disciplinar seu progresso desordenado, transformá-lo em um contingente unido, interligado sem os *desníveis* de riquezas, injustos e irremediáveis, que um dia poderão ameaçar a própria unidade nacional.

Juscelino Kubitschek sonhou com a nova capital e dividiu a tarefa de colocar o sonho no papel com o arquiteto Oscar Niemeyer e o urbanista Lúcio Costa. O sonho foi se transformando em realidade à medida que os três se reuniam ao redor da mesa do escritório no "Catetinho", um alojamento improvisado que mais parecia um contêiner de canteiro de obras. Ali, o presidente passava a noite algumas vezes na semana, depois de chegar do Palácio do Catete, no Rio, cruzando os céus num quadrimotor. No memorial erguido em homenagem a JK destaca-se a frase que resumiu seu sonho: "Tudo se transforma em alvorada nesta cidade que se abre para o amanhã."

Assim como Juscelino, muitos brasileiros acreditam em seus sonhos, o que faz o Brasil ser reconhecido pela criatividade de seu povo. Mas o país abriga uma contradição: ostenta um dos menores índices de patentes do mundo. Até pouco tempo atrás, estava abaixo da Polônia e da África do Sul, o que nos leva a concluir que o Brasil é bom na inauguração e péssimo na manutenção. Registrar patente envolve um passo além do ato de criar. Dá trabalho, é preciso escrever um projeto, contratar advogados, transformar a invenção em valor... E aí começa o problema: poucos brasileiros transformam sonhos em valor. Somos criativos, mas precisamos ser inovadores, o que significa transformar ideias em produtos e serviços capazes de gerar valor. Há uma forte tendência a esperar e achar que as coisas vão melhorar, em vez de lutar para que aconteçam.

"Brasileiro, profissão esperança" é a utopia nacional expressa pelo dramaturgo Oduvaldo Viana Filho, assim como "Brasil, o país do futuro". Mas esse futuro parece que nunca chega, porque os brasileiros sonham muito e realizam pouco. Falta disciplina para transformar sonhos em projetos e projetos em realidade. Somos um país de sonhadores, mas precisamos nos transformar em um país de realizadores de sonhos.

Em sua obra-prima, *Raízes do Brasil*, o historiador Sérgio Buarque de Holanda diz que certa frouxidão, anarquismo, falta de coesão, desordem, indisciplina, indolência e um ligeiro pendor para o autoritarismo e a tirania encontrados no brasileiro são resultados de uma mistura de características herdadas dos ibéricos. Da mesma forma, herdamos suas virtudes: a criatividade do aventureiro; a adaptabilidade de quem não é rígido, mas flexível; a vitalidade de quem enfrenta, ousado, azares e fortunas; a originalidade dos indisciplinados.

O indigenista e antropólogo Darcy Ribeiro encontra explicação para nossas fraquezas na herança colonial, no fato de o país ter sido regido como uma feitoria escravista e exportadora.

Na opinião de Darcy Ribeiro, para mudar de rumo, o país precisa sair da armadilha socioeconômica que o mantém cativo de um modelo cruel de distribuição de renda.

> Precisamos resgatar a capacidade de sonhar de TODOS, mudando o modo de ordenação da sociedade, para que as pessoas, independente da estratificação de classes a que pertençam, possam sonhar com outro destino, regendo-o na busca de sua própria prosperidade e não na busca da prosperidade de outros, como foi o modelo que nos originou.

Em outras palavras, o caminho para sair da "ninguendade" e alcançar a identidade é sonhar com seu futuro e lutar por ele.

Darcy Ribeiro não era apenas um pensador arguto, mas também um realizador de sonhos. Depois de 21 dias internado para o tratamento de um câncer, fugiu do Hospital Samaritano, no Rio de Janeiro, e foi se esconder na sua casa em formato de oca na praia de Maricá. Fugiu para viver e escrever seu mais sonhado livro, *O povo brasileiro*. Quarenta dias e 449 páginas depois, respondeu à pergunta que o atormentava: por que o Brasil ainda não deu certo?

Tentando esclarecer por que o brasileiro não é senhor do próprio destino, afirmou:

> Nós somos um povo em ser, impedido de sê-lo. Um povo mestiço na carne e no espírito, já que aqui a mestiçagem jamais foi crime ou pecado. Nela fomos feitos e ainda continuamos nos fazendo. Essa massa de nativos oriundos da mestiçagem viveu por séculos sem consciência de si, afundada na ninguendade. Assim foi até se definir como uma nova identidade étnico-nacional, a de brasileiros. Um povo, até hoje, em ser, na dura busca de seu destino.

Darcy não se limitou a explicar. Apresentou, também, seu sonho para o Brasil do futuro. Esse novo Brasil a que se refere começa a ser desenhado, de certa forma, a partir de ações solidárias desenvolvidas não só por lideranças comunitárias, mas também por diversas empresas.

Ao implantar um projeto pioneiro na Bahia, em 1991, a Empresa Brasileira de Correios e Telégrafos deu um belo exemplo. A iniciativa, desenvolvida em parceria com a Secretaria da Justiça e Direitos Humanos do Estado, conquistou o prêmio Top RH. Tive a satisfação de presidir o júri a convite dos promotores do prêmio, a Associação dos Dirigentes de Vendas do Brasil (ADVB) e a Associação Brasileira de Recursos Humanos (ABRH). O programa aposta na capacitação profissional para superar o desafio de reintegrar o preso à sociedade. Para facilitar o retorno dessas pessoas ao mercado, é proporcionado um plano de treinamento, exercício da profissão e acompanhamento por psicólogos e assistentes sociais, a serem transmitidos após o cumprimento de suas penas. Os participantes recebem um salário mínimo mensal e vale-alimentação.

Inspiradas nessa iniciativa, 24 empresas implantaram programas semelhantes, que hoje em dia possibilitam a reintegração de mais de mil presos.

Há vários tipos de sonhos fundamentais para o Brasil e para o mundo: a paz em um planeta livre de guerras e genocídios, a sustentabilidade ambiental, o fim do terrorismo, da violência urbana e do narcotráfico e o sonho eterno de justiça social.

O sonho da paz teve seu auge no fim dos anos 1960 e início dos 1970, durante a guerra do Vietnã, e é resgatado cada vez que a humanidade recorre a soluções armadas para resolução de conflitos. No início de 2003, a decisão unilateral dos Estados Unidos de invadir o Iraque provocou manifestações pela paz em várias partes do mundo e protestos pela internet. Escudos humanos chegaram a se deslocar para Bagdá, tentando evitar a guerra que o tempo demonstrou ter sido um terrível equívoco político, estratégico e humanitário do presidente republicano George W. Bush.

Um mundo diferente do atual, livre da destruição que o próprio ser humano tem causado em diferentes formas. Esse é o sonho da maioria das pessoas que desejam trabalhar, educar os filhos e deixar um planeta melhor e mais seguro como herança para as futuras gerações.

Um mundo como o beatle John Lennon um dia descreveu: "Imagine que não há países,/(...)/Nada por que matar ou morrer,/(...)/Imagine todo mundo/ Vivendo em paz./(...)/Você pode dizer que sou um sonhador/Mas eu não sou o único..."

Leitor, qual é o seu sonho de cidadania para o Brasil e para o mundo? E o que você está fazendo para realizá-lo?

Sonhos íntimos: qualidade de vida, saúde, desenvolvimento espiritual

Os sonhos para a vida pessoal são absolutamente essenciais. Qualidade de vida, saúde, amizades duradouras, desenvolvimento espiritual e bom humor funcionam como alavancas para aspirações em outras esferas. Na ausência deles, a pessoa fica sem energia para lutar por seus objetivos.

É cada vez mais comum entre os empresários o desejo de se afastar por um tempo do mundo corporativo para refletir sobre os passos seguintes, sobre mudanças a ser efetuadas ou, simplesmente, para recuperar o equilíbrio pessoal. Esse "sonho sabático" pode se concretizar na forma de um curso no exterior ou de uma caminhada como a de Santiago de Compostela. Alguns seguem a trilha do peregrino com o objetivo de refletir sobre a essência de suas vidas.

Isso mostra que a realização de um sonho envolve muito mais do que o sucesso material.

Existe uma verdadeira indústria promovendo a melhoria da qualidade de vida. Dia após dia surgem novos empreendimentos voltados para bem-estar, redução do stress, esporte, *coaching* nas empresas, orientação nutricional, massagens holísticas, consultor de estilo... Negócios que não exigem um capital intensivo, nem grandes aparatos. O profissional atende em domicílio ou na própria casa. O principal é a competência. O novo mercado não atende apenas ao sonho pessoal dos clientes, ele também pode ajudar o prestador do serviço a realizar o seu.

Mas a qualidade de vida não deve ser percebida como sinônimo de entrar em uma maratona de spas e de consultas com especialistas esotéricos da moda. Melhorar a qualidade de vida requer decisões íntimas, difíceis, que implicam coragem para mudar o estilo de vida de cada um, eliminando hábitos muitas vezes inadequados e adquirindo costumes mais saudáveis.

Muitas vezes exige o investimento de tempo para cultivar amizades verdadeiras que fazem bem à nossa existência e o afastamento da roda-viva que consome nossa energia vital. Pressupõe o tempo para introspecção espiritual em busca do significado da própria existência.

Leitor, você já deve estar se fazendo essa pergunta: quais os seus sonhos mais íntimos de desenvolvimento como ser humano?

Sonho da realização financeira

Ter casa própria, carro do ano, poupança substancial em uma conta bancária. Dobrar o patrimônio no ano seguinte. Viver de renda. Construir uma herança para os filhos. Garantir a aposentadoria. Ganhar sozinho na Mega-Sena. Ficar rico!

Muitas pessoas dedicam a vida a realizar o sonho da riqueza econômica financeira. Vivem para essa finalidade, sacrificam o presente para garantir o futuro. Muitos até cometem deslizes éticos visando a encurtar a distância entre seu patrimônio atual e o ambicionado.

Não vou entrar no mérito do clássico debate se o dinheiro traz ou não felicidade. No meu entender, essa discussão já está superada pelo menos em um ponto de consenso: a tranquilidade financeira é uma peça importante no quebra-cabeças dos sonhos, um pré-requisito para que as pessoas possam desenvolver os múltiplos aspectos de seu potencial e explorar melhor as diversas facetas da vida.

Mas preciso enfatizar uma opinião: a grande maioria dos realizadores de sonhos considera a realização financeira uma consequência da realização de outros sonhos, e não um objetivo inicial em si. Ou seja, riqueza não era o sonho de nenhum deles. Abriram negócios, dedicaram-se a causas sociais, inventaram um novo produto, criaram uma obra de arte, pensaram em suprir necessidades ainda não atendidas de certos públicos-alvo. Depois de muito lutar por seus sonhos, tiveram sucesso. Ganharam dinheiro ou, pelo menos, melhoraram de padrão de vida. Os ganhos financeiros foram consequência de sonhos bem sonhados, não seu objetivo de vida.

O conhecido publicitário Nizan Guanaes, ao discursar como paraninfo de uma turma da Fundação Armando Álvares Penteado (FAAP), em São Paulo, foi enfático:

> Procure fazer o melhor. Não paute sua vida nem sua carreira no dinheiro. Michelangelo não passou 16 anos pintando a Capela Sistina por dinheiro. Quem só pensa em dinheiro não consegue sequer ser um grande bandido ou um grande canalha... Geralmente, os que só pensam nisso nada ganham, porque são incapazes de sonhar. E tudo que fica pronto na vida foi construído antes na alma.

Repito: não estou insinuando que dinheiro não seja importante. É sim! E muito. O que estou enfatizando é que, ao colocar o ganho financeiro como principal objetivo, você pode perder o foco no verdadeiro sonho. Ou meter os pés pelas mãos, achar que os fins justificam os meios e adotar comportamentos que talvez o impeçam de vir a desfrutar o dinheiro que ganhou. Pense nisso!

Sonho empreendedor

Além das aspirações já mencionadas — realização profissional, vida familiar, cidadania comunitária, desejo de ajudar a construir um país e um mundo melhor e mais justo, tranquilidade financeira e desfrutar melhor qualidade de vida, saúde, amizades e vida espiritual —, um dos sonhos recorrentes em um grande número de pessoas tem sido o de montar o próprio negócio, verbalizado por muitos como "ser dono do próprio nariz" ou de "não ter mais chefe ou patrão".

Esse *sonho empreendedor* se manifesta de diversas formas: inventar algo novo, fabricar produtos de alta qualidade, responder a necessidades ainda não atendidas, seguir uma vocação antiga, transformar o hobby em negócio, ser líder de mercado, construir uma empresa de classe mundial, mesmo com atuação local... enfim, fazer acontecer!

O Brasil é um dos países de maior índice de empreendedorismo no mundo. Existem mais de 5 milhões de pequenas e médias empresas (representando 98% do total das empresas do país), o verdadeiro motor da nossa economia. Esses empreendimentos representam a maior força de trabalho do país, cerca de 70% dos brasileiros trabalham em um deles.

Apesar de todos os obstáculos a serem vencidos — um emaranhado de leis, impostos múltiplos e absurdos, dificuldades logísticas, enorme burocracia, falta de crédito, enfim, uma lista interminável de barreiras a que se convencionou chamar de "custo Brasil" —, o espírito empreendedor brasileiro segue em frente, desafiando o peso de sua improbabilidade.

Infelizmente, muitos ficam pelo caminho. A taxa de insucesso é grande. Apenas cerca de 60% dessas empresas chegam ao quinto aniversário.

Por essas razões, é muito importante perceber os verdadeiros motivos do sonho empreendedor de cada um. O motor é a necessidade ou a oportunidade?

Os empreendimentos podem ser movidos pela necessidade do empreendedor: perda do emprego, falta de opções profissionais, desejo de investir a poupança para aumentar o patrimônio, aposentadoria, vontade de sair da casa dos pais, dentre outras.

Mas também podem nascer da capacidade de identificar uma oportunidade: a percepção de algo ainda não detectado por outros — exatamente o que motivou Ozires Silva a desenvolver seu projeto pioneiro do avião pequeno para curtas distâncias. Lembra-se do sonho que culminou na criação da Embraer?

Nos últimos anos, o número de empreendimentos criados pela oportunidade tem crescido mais que o número dos movidos pela necessidade do fundador. É um bom sinal, porque os negócios baseados em oportunidades concretas têm maior probabilidade de sucesso a curto prazo e de autossustentabilidade a médio prazo.

Mas não se preocupe, porque também são inúmeros os casos de sucesso de negócios criados pela necessidade do fundador. O importante é que você perceba a diferença entre ambos os motivadores e aplique uma regra básica, muito simples: a regra da complementaridade.

Explico melhor. Caso você esteja pensando em montar um negócio porque foi demitido, está cansado de aguentar o chefe, precisa aumentar a renda familiar etc., complemente esse desejo investindo em algo para o qual haja uma oportunidade real, ou seja, clientes capazes de se interessar pelos seus produtos ou serviços.

Da mesma forma, caso você esteja sonhando em empreender algo devido à oportunidade de ouro que percebe, complemente esta vontade investindo em algo a que consiga se dedicar de corpo e alma, principalmente nos primeiros anos, para seu novo negócio decolar. E nunca se esqueça de desenhar um "plano B", para o caso de alguma coisa sair do previsto.

Os estudos sobre franquia, por exemplo, mostram que os franqueados bem-sucedidos são aqueles que dependerão do sucesso de seu negócio para sobreviver no futuro. As franquias em que a esposa de um executivo rico investe como "passatempo" raramente dão certo.

Aliás, convém deixar claro que o empreendedorismo no Brasil tem sido mais feminino que masculino: 52,4% dos novos empreendimentos com até 42 meses de criação são comandados por mulheres, segundo a pesquisa Global Entrepreneurship Monitor 2007

(GEM), feita pelo Serviço Brasileiro de Apoio às Micro e Pequenas Empresas (Sebrae) e o Instituto Brasileiro de Qualidade e Produtividade (IBQP).

Os inúmeros casos de sucesso das mulheres na realização do sonho empreendedor se devem a certas características predominantes no universo feminino: flexibilidade, jogo de cintura, competência para negociar, capacidade de fazer várias coisas ao mesmo tempo, humildade, sensibilidade para perceber os desejos dos clientes, entre vários outros motivos.

Mas, qualquer que seja seu sexo, o empreendedor eficaz é o que consegue obter resultados incomuns de pessoas comuns. Sabe lutar por seus sonhos, perceber os dos clientes e motivar parceiros e colaboradores a trabalhar para torná-los realidade, transformando o sonho individual em sonho da equipe.

O empreendedor eficaz sabe que os clientes não querem só adquirir um produto ou serviço. Eles procuram cada vez mais a emoção, a experiência de compra, que passa a ser tão importante quanto o próprio produto.

Isso mesmo: as pessoas não compram apenas produtos. Compram sonhos. Cada vez mais, valorizam o simbólico, o intangível.

Não é só pelo tangível — pelos produtos que veem e pegam — que muitas vezes os clientes são fiéis a uma marca ou empresa, mas também pelo intangível — aquilo que sentem na interação com a empresa.

O empreendedor deve estar em sintonia com o cliente, atento a seus desejos e necessidades. É o que denomino "clientividade", conceito que inventei há cerca de quinze anos para simbolizar as atitudes voltadas para a arte de conquistar, encantar e fidelizar clientes.

Em síntese, o empreendimento vencedor é o que consegue compatibilizar pelo menos um trinômio de sonhos:

- Sonho do empreendedor: ter uma visão e desejar transformá-la em um negócio;
- Sonho do cliente: entender e antecipar os desejos de clientes potenciais;
- Sonho da equipe: mobilizar colaboradores e parceiros a abraçar a causa.

Se você souber exercer a arte de compatibilizar essa trilogia de sonhos, crescem as chances de o seu sonho empreendedor dar certo.

Não são só as grandes empresas que devem estar atentas aos sonhos dos clientes: a ideia também vale para os pequenos negócios e as decisões da carreira. "Não fui procurar emprego, fui procurar clientes", afirma Dilma Abidia, dona de uma barraca na praia de Ipanema, no Rio de Janeiro. Desempregada, ela decidiu vender salgados e refrigerantes para os banhistas. Após um dia cansativo e sem vendas, sentou-se na areia e ficou observando o movimento. Foi então que percebeu uma oportunidade: descobriu que as mães têm uma obsessão de lavar as mãos sujas de areia das crianças antes que elas comam alguma coisa. Começou a carregar um isopor com água potável para facilitar a vida delas. Depois, ampliou os negócios. Montou sua barraca no ponto mais badalado da praia de Ipanema e começou a alugar óculos e bronzeadores. Percebeu que os pais divorciados que levavam os filhos à praia não se lembravam do protetor solar. O próximo passo foi disponibilizar protetores solares para a clientela infantil.

Quando perguntam a razão de seu sucesso, ela responde: "Muito trabalho. Eu abro a barraca às sete da matina." De fato, Dilma é uma das primeiras a chegar e uma das últimas a sair. Quiseram saber de que precisa para ter sucesso. "Do sol. O resto, eu tenho", respondeu, sorrindo enigmaticamente. Dilma soube transformar a riqueza universal do Brasil, o sol, em um grande ativo, um fator de atratividade, diferenciando-se pela intuição, coragem, desejo de servir e postura voltada para seus clientes, que a adoram.

Dilma acabou se tornando bastante conhecida. Saiu na capa da revista *Pequenas empresas, grandes negócios*, apareceu no *Fantástico* e foi entrevistada no programa do Jô Soares. Virou uma espécie de celebridade em um ponto frequentado por artistas e personalidades do cenário carioca.

Dilma é uma empreendedora, realizadora não apenas de seus sonhos pessoais, mas também dos sonhos e necessidades de seus clientes e da pequena equipe de parceiros que labutam ao seu lado. Essa é a essência do espírito empreendedor!

Cuidado com os falsos sonhos!

Antes de abordar a importância do equilíbrio no mapa de sonhos, gostaria de alertá-lo para alguns falsos sonhos, certas aspirações que acabam frustrando as pessoas mesmo quando conseguem realizá-las.

Um exemplo é a vontade obsessiva que alguns têm de se tornar *celebridades*. Na era da comunicação em massa em que vivemos, os estímulos são grandes e frequentes, por isso um número crescente de pessoas ambiciona ficar famosa da noite para o dia. Da mesma forma que o sucesso financeiro muitas vezes é consequência de um sonho bem executado, tornar-se uma celebridade é muito mais consequência de algo realizado do que um fim em si mesmo.

Se você aspira a ser uma celebridade reconhecida nas ruas e com aparições frequentes na mídia, pense bem no que precisará ser ou fazer para realizar esse desejo. Os personagens midiáticos sem conteúdo têm vida efêmera e muitas vezes viram celebridades por motivos dos quais se arrependem depois. Anote a constatação de Malcolm Gladwell, escritor norte-americano, em seu livro *Fora de série*: "As pessoas que ganham notoriedade dedicaram pelo menos 10 mil horas de suor ao assunto que as tornou célebres." Traduzindo, isso significa 20 horas semanais durante dez anos. Exemplos: Einstein levou 17 anos formulando a mesma pergunta sobre a transformação de energia em massa. Os Beatles tinham feito 1,2 mil apresentações em Liverpool, Inglaterra, antes do sucesso na turnê norte-americana de 1964.

O sonho do *consumismo* também merece reflexão. Muitas vezes trata-se um mecanismo de fuga, um jogo de aparências que acaba tirando o foco dos verdadeiros sonhos. Às vezes, até viram impeditivos devido às dívidas impossíveis de pagar que precisam ser honradas.

Portanto, tenha muito cuidado para não cair nessas ciladas! Quantos dias de suor faltam para você completar as 10 mil horas apontadas por Gladwell? Qual foi a última vez que você abdicou de consumir algo irrelevante para aumentar as chances de realizar seu verdadeiro sonho?

Equilíbrio de sonhos

Para conseguir transformar os sonhos em realidade, é preciso analisar como está seu mapa de sonhos. Você conseguiu identificar pelo menos um sonho em cada área? Qual é o prioritário? Qual é o grande sonho que você deseja realizar nos próximos dois anos?

Após passar os últimos cinco anos conversando com tanta gente sobre esse tema, eu me arrisco a dar uma dica para os iniciantes: o sonho está dentro de você. Talvez esteja engavetado, mas percebê-lo e dar vida a ele está ao seu alcance.

Isso não requer anos de análise, viagens a terras prometidas ou outras complicações. O sonho é a verdade que está dentro de você. Então, descomplique! E não se assuste se em pouco tempo encontrar a resposta que procura.

Mas aqui vai outra dica: o equilíbrio entre as diferentes esferas da sua vida é fundamental. Lembre-se sempre: *é muito provável que o maior sonho esteja no equilíbrio entre seus diferentes sonhos.*

Muita gente concentra as energias em uma esfera exclusiva, quase sempre a profissional, e deixa todo o mais por conta do acaso. Ser bem-sucedido em determinado campo não garante sucesso nos demais. Nem é possível fragmentar o ser humano supondo que ele alcance a realização plena sendo bastante feliz apenas em uma área e totalmente infeliz nas outras.

É tempo de convergir. O mundo está abandonando o velho paradigma da era industrial — que separou a diretoria da fábrica, distanciou o cliente da empresa, dissociou o fazer do pensar, o racional do emocional — e ingressando na era da convergência, a busca do equilíbrio entre o capital e o trabalho, o intelecto e a intuição, o lucro financeiro e o lucro social. Convergir significa reconstruir as relações humanas, sociais e empresariais. No caso específico do ser humano, significa encará-lo como um todo: corpo, mente, espírito, emoções etc.

Da mesma forma, antes de agir precipitadamente em busca da realização de um único sonho, precisamos fazer convergir o conjunto de nossos sonhos em suas diferentes esferas — profissional, familiar, comunitária, cidadania, espiritual, qualidade de vida, social, saúde, financeira, para mencionar as principais. Buscar essa convergência é nosso maior desafio.

A empresária Luiza Helena Trajano Inácio Rodrigues estava disposta a encarar esse desafio ao assumir a superintendência da Magazine Luiza, uma tradicional rede de varejo com sede em Franca, no interior paulista, criada por seus tios. Ela foi a idealizadora de uma bem-sucedida reformulação na rede, que colocou o cliente no centro das atenções. Luiza Helena afirma:

> Meu sonho sempre foi ter uma empresa em que o capital financeiro caminhasse junto com o capital humano. O maior obstáculo para sua realização é a dificuldade de equilibrar esses dois mundos.

Essa visão empresarial é coerente com a forma como a empreendedora gerencia seus outros sonhos: "Eu não faço uma divisão muito grande entre meus sonhos pessoais, os da empresa e os comunitários. Tento conciliá-los como se fossem uma coisa só."

Não adianta realizar bem seu sonho profissional, ser brilhante na carreira, mas arrasar seus sonhos familiares e se omitir como cidadão, ou perder a saúde e os amigos. Certa vez, um colega me contou que não tinha assistido ao nascimento da filha porque estava em uma viagem de negócios para fechar um excelente contrato: "Não adianta ser uma estrela no trabalho e uma lua minguante em casa!"

Mais do que um projeto profissional, os realizadores de sonhos bem-sucedidos elaboram projetos de vida que integram sonhos e objetivos profissionais com os sonhos pessoais, os familiares e os comunitários. Daí a importância de cultivar sonhos múltiplos e gerenciá-los como um conjunto integrado.

Mas, chega de "teoria" sobre o mapa de sonhos. Liste os seus e prepare-se para tirá-los da cabeça e colocá-los no papel. Vamos lá, mãos à obra!

1. Descreva em uma frase como está sua situação nos vários campos abaixo.

Saúde ....

....

....

Trabalho e carreira profissional ....

....

....

Realização financeira ....

....

....

Vida familiar ....

....

....

Participação na comunidade ....

....

....

Causas sociais e ecológicas ....

....

....

Relacionamento com os amigos ....

....

....

Vida espiritual ....

....

....

Atividades empreendedoras ....

....

....

2. Relacione 5 dos seus sonhos por ordem de importância.

a) ....

....

b) ....

....

c) ....

....

d) ....

....

e) ....

....

3. Determine qual deles deve ser sua prioridade, o mais urgente, que deverá servir de base para os demais, mas não necessariamente o mais importante.

....

....

....

....

....

....

....

4. Existe algum desequilíbrio em seu mapa de sonhos? Os sonhos e as ações que você pretende realizar só têm relação com a sua carreira profissional, ou também contemplam outros projetos? Veja qual é a área mais explorada e escreva uma medida para suprir essa deficiência.

....

....

....

....

....

....

....

....

....

....

....

....

4. Identifique as pedras e as pontes no caminho

Levanta, sacode a poeira e dá a volta por cima!

"Volta por cima",
Paulo Vanzolini

Sonhar é acordar-se para dentro.

Mário Quintana

Fazer funcionar um hotel com padrão internacional, dentro de um parque a 1.250 metros de altitude na região de Teresópolis, Rio de Janeiro, em um local desprovido de telefone, energia elétrica e água encanada, em suma, sem a mínima infraestrutura e carente de mão de obra qualificada. O sonho do advogado Helenio Waddington e de sua esposa, Ildiko, parecia inatingível. Grande executivo do mundo financeiro, que estabelecera relações de confiança nos mercados de Londres e Zurique, Helenio foi construindo seu sonho passo a passo.

Após dez anos de trabalho, em 1986, ele inaugurou o Hotel Rosa dos Ventos. Quatro anos mais tarde, pôde vê-lo incluído no Relais & Chateaux, associação internacional sediada em Paris que congrega 450 hotéis e restaurantes com características excepcionais, segundo os rígidos padrões internacionais de qualidade. O Rosa dos Ventos foi o primeiro hotel brasileiro admitido nessa associação, que abriga estabelecimentos de mais de quarenta países. O primeiro sonho de Waddington estava realizado, mas ele não parou. Tinha outros dois sonhos igualmente desafiadores, que eram uma continuação do primeiro. "A mania de sonhar com o inédito me persegue desde jovem", confidencia.

O segundo sonho era criar uma associação nacional de hotéis que tivessem em comum o compromisso de aliar conforto e serviços de qualidade ao respeito à natureza e à responsabilidade social. Em junho de 1992, unido a quatro hoteleiros com o mesmo perfil, redigiu uma declaração de princípios que norteia a Associação de Hotéis Roteiros de Charme. O que parecia uma iniciativa utópica e de curta duração transformou-se em uma grife que reúne mais de quarenta hotéis, pousadas e refúgios ecológicos de Norte a Sul do país.

O terceiro sonho era o reconhecimento internacional do pioneirismo e da seriedade do programa ambiental da Associação Roteiros de Charme. Com pouco mais de 70 anos, o hoteleiro conta, empolgado:

> Sonhar não é pecado, e, com o incentivo da minha esposa, procurei a UNEP, organismo das Nações Unidas voltado à preservação ambiental, e estabeleci uma parceria inédita para o incremento do turismo nacional: este acordo abre a possibilidade de promover programas de treinamento de gestão ambientalmente correta para pequenos e médios empreendimentos turísticos. Em 1992, quando finalmente deixei de atuar no mercado internacional, decidi me aposentar ao contrário: trabalhando em dobro e sem vencimentos, mas muito feliz.

Obstáculos existem. Helenio Waddington levou dez anos para remover os primeiros. Mas, por pior que se configurem, não são motivo para os realizadores de sonhos desistirem de seus propósitos. Se for necessário, eles movem montanhas.

Nem todos os obstáculos vêm da natureza. Alair Martins, fundador de uma das cinquenta maiores e mais bem administradas empresas do país, a Martins Atacadista, tinha o sonho de sair do sítio da família em que trabalhava e ir para a cidade de Uberlândia, em Minas Gerais, onde abriria um pequeno comércio. O pai não concordava. Levou três anos para convencê-lo, mesmo contando com o apoio da mãe. Aos 15 anos, encontrou o artifício decisivo: viveria com os tios, ajudando no armazém deles. Seria um teste para ver se conseguiria se adaptar à vida na cidade. Deu tão certo que a atacadista criada por Martins hoje é respeitada em todo o Brasil como empresa modelo em logística, além de figurar entre as maiores do país em faturamento, nesse ramo.

O mais difícil, às vezes, é lidar com o preconceito. Carlinhos de Jesus, maior dançarino popular brasileiro da atualidade, teve de enfrentá-lo dentro de casa. Aos 9 anos, já desfilava na escola de samba Em Cima da Hora, em Cavalcante, Zona Norte do Rio de Janeiro, onde descobriu sua vocação.

> Meu sonho era dançar. Queria aprender mais e pedi ao meu pai que me inscrevesse em uma escola de dança. Preocupado com minha masculinidade, ele recusou. Dias depois, apareceu com um papel na mão. Era a matrícula numa academia de jiu-jítsu. Muitas porradas depois, abandonei a academia e, temporariamente, os meus sonhos.

Carlinhos se formou em pedagogia e arrumou um emprego na Febem como professor de adolescentes problemáticos. Empenhou-se em ajudar esses jovens a encontrar um caminho digno para suas vidas. Mas seu desejo era viver da dança. O principal obstáculo foi a discriminação. "Quando comecei a dançar, as gafieiras eram lugares para malandros e prostitutas." A grande oportunidade surgiu quando foi convidado a dar aulas para um grupo de artistas e políticos na casa do jornalista Sérgio Cabral.

> Com persistência e a sorte de estar preparado, no lugar certo e na hora certa, mergulhei fundo nessa arte e não parei mais. Participei de shows, cinema, TV, teatro e me tornei dançarino profissional.

O sucesso do artista, que flutuou de forma magnífica na Avenida ao representar a figura bíblica de Moisés, durante o desfile da escola de samba Estação Primeira de Mangueira, no Carnaval de 2003, é produto de técnica, estilo, dedicação, atenção, assiduidade, ética e, sobretudo, humildade, definida por Carlinhos como: "Entender que você precisa estar sempre aprendendo."

Era uma vez uma pedra: remova os obstáculos...

Quais são os obstáculos mais comuns que precisam ser superados para a realização de nossos sonhos?

Falta de tempo

"Estou tão absorvido com a roda-viva e a sobrevivência da minha família que não tenho tempo para sonhar" é a desculpa mais comum para adiar o sonho. Ou então: "A rotina e a burocracia dentro da empresa me consomem. Além disso, tenho de desempenhar múltiplos papéis, como chefe de família, profissional, membro atuante do condomínio onde vivo, fora os problemas dos parentes." Essa queixa é mais comum entre mulheres que, além de trabalhar fora, administram a casa, os filhos...

Durante os diversos eventos que realizo com presidentes de empresas, além de reconhecerem a falta de tempo para se dedicar aos sonhos, eles ainda citam "as pressões do dia a dia, que desviam a atenção" como principal obstáculo à realização de sonhos.

E, assim, a energia é esgotada pelos afazeres cotidianos. Não sobra tempo nem disposição para planejar e executar sonhos. As empresas também privilegiam o imediato, amarram-se em ações burocráticas e muitas vezes perdem sua essência. O sonho é relegado a segundo plano, perdendo a prioridade na vida das empresas e das pessoas.

Recursos escassos

Outra justificativa comum é a falta de dinheiro. "Ah, se eu ganhasse na loteria! Aí sim teria condições de sonhar e realizar meus desejos." Nas empresas, a culpa é atribuída aos orçamentos apertados, e à cobrança por resultados a curto prazo. Em geral, os sonhos dizem respeito às metas de longo prazo, então vão ficando por último na lista de urgências. Nos órgãos públicos, a escassez de verbas é um grande desmotivador. "Estou me transformando em um destruidor de sonhos", disse-me recentemente uma funcionária de um órgão governamental. "Me apresentam projetos belíssimos, mas faltam recursos para implantar. E vou podando. Tenho dito a colegas do governo: Esquartejem seus sonhos!" Ela me confidenciou que sofre com isso e que gostaria de estimular os projetos que trazem para sua aprovação.

Desestímulos e negativas

Nossa sociedade é voltada para o NÃO: "Não pode", "Não faça", "Vai se machucar", "É perda de tempo", "Pra que tanto esforço?" Desde a educação familiar, as crianças são inibidas a se arriscar. Na escola, também têm que se comportar dentro de parâmetros. Iniciativas e riscos são desestimulados. Na empresa, ainda predomina o "você é pago para fazer, não para pensar", que pode ser traduzido por "você não é pago para sonhar". Os realizadores de sonhos precisam de uma dose extra de perseverança para vencer a torcida contrária.

A cozinheira mais famosa da Bahia, conhecida carinhosamente como Dadá, precisou de muita persistência para concretizar seu sonho. Depois de anos trabalhando como empregada doméstica no interior do estado e depois em Salvador e de vender comida no Porto da Barra, aos poucos foi alimentando a ideia de montar um restaurante. "Sabia que seria um sucesso. Mas só eu acreditava nisso", costuma dizer em suas apresentações. "Contei para uma amiga esse meu desejo. Ela me achou doida. Falou que no restaurante não entraria nem mosquito, barata ou cachorro, quanto mais gente." Seu companheiro da época pensava o mesmo.

Dadá tinha duas saídas: trocar de sonho ou de companheiro. Preferiu ficar com o sonho. Desfez o relacionamento e abriu um restaurante nos fundos de casa. Deu tão certo que hoje tem seu restaurante, sempre muito bem frequentado, no Alto das Pombas, no bairro da Federação, e se tornou uma parceira cobiçada por empresários do ramo da gastronomia em todo o Brasil. Sempre sorridente, esbanja felicidade. A marca "Dadá" é uma das mais reconhecidas em Salvador. Está entre as cinco marcas mais reconhecidas em qualquer pesquisa que se realize na Bahia.

Por sorte, essa tendência ao desestímulo tem um contraponto. No interior do Paraná, está surgindo um método inovador que almeja exatamente o oposto: despertar a ousadia nas crianças. A chamada pedagogia empreendedora está sendo aplicada aos cerca de 18 mil alunos da rede municipal de ensino de Guarapuava, no Oeste paranaense. Ela parte do princípio de que todos nascem empreendedores e que a sociedade acaba inibindo essa característica. O objetivo é cultivar esse dom. Desde os 4 anos, as crianças são estimuladas a formular seus sonhos e buscar sua realização.

Cultura da exclusão

As pessoas são forçadas a fazer escolhas de curto prazo em detrimento do longo prazo. Têm de pagar o aluguel, o tratamento dentário, o financiamento do carro, reformar a casa, cumprir a meta de vendas do trimestre... E o desejo acaba ficando para depois. É preciso trabalhar em duas dimensões ao mesmo tempo: lutar pelos projetos a curto prazo e plantar sementes para realizar algo a médio e longo prazos. Ou seja, garantir o presente enquanto cuidamos do futuro que desejamos para nossas vidas.

Falta do hábito de sonhar

É quase uma decorrência dos demais obstáculos. Os afazeres diários afastam as aspirações e a capacidade de sonhar. O perigo se torna real se o hábito de sonhar acordado não for cultivado.

Medo de errar

O temor de se frustrar, de decepcionar os outros, de se expor e enfrentar o ridículo, de se arriscar e "quebrar a cara" são obstáculos não só à realização dos sonhos, mas também à exposição desses desejos. Há quem guarde os planos só para si durante anos. Ou compartilhe apenas com as pessoas mais íntimas. E muitas ações acabam sendo abortadas na raiz. O medo do fracasso é um dos maiores e mais difíceis obstáculos à realização dos sonhos.

"Em time que está ganhando não se mexe"

Acredite: o sucesso pode ser um dos maiores obstáculos à realização dos sonhos. Afinal, a tendência do vencedor é se acomodar, preservar o *status quo*, repetir as mesmas soluções que já deram certo e rejeitar as novidades. Atenção: em time que está ganhando se mexe, sim! Para não ser forçado a mexer na hora do prejuízo.

Crença do "sempre foi assim"

As pessoas não são encorajadas a pensar diferente, nem a desafiar o *modus operandi*. Quando se arriscam a sonhar, é dentro do quadrado das tradições. Isso inibe a criatividade e aprisiona os sonhos. Visionários e sonhadores transcendem os limites dessa crença. Eles não aceitam o impossível: vão e realizam. Foi o que fez o comandante Rolim Adolfo Amaro. Quando menino, em Pereira Barreto, no Oeste paulista, sonhava em ser piloto e revolucionou a aviação comercial brasileira. Criou serviços exclusivos e inovadores. Seu lema era tratar os passageiros como celebridades, com direito a tapete vermelho em cada viagem. A Ponte Aérea entre Rio de Janeiro e São Paulo nunca mais foi a mesma depois do comandante.

No entanto, para chegar ao sucesso, Rolim teve de superar não apenas a crença do "sempre foi assim", mas também recursos escassos, desestímulos, negativas. De origem humilde, foi assistente de mecânico, aprendiz de escrevente de cartório e entregador de sanduíches. Com o salário minguado, comprou uma lambreta que serviu para pagar o curso de piloto, como contou em entrevista à imprensa.

Quando estava prestes a obter o segundo brevê, o de piloto privado, o aeroclube instituiu uma taxa que ele não podia pagar. Viajou duzentos quilômetros de trem e de carona para pedir auxílio a um tio fazendeiro, que lhe fechou as portas com a seguinte justificativa: "O sonho de sua mãe era vê-lo balconista das Casas Pernambucanas e você desistiu. Preferiu ir atrás da aviação, coisa de doido vagabundo. Vá trabalhar." Rolim pegou dinheiro emprestado com um amigo e conseguiu o brevê.

Aos 21 anos, Rolim Amaro ingressou na TAM. Em 1966, recebeu uma proposta tentadora: ser piloto particular na região do Araguaia. Financiou seu primeiro Cessna 170 para três passageiros, com o qual transportava animais (já que as estradas eram raras), além de roupas e rádios de pilha, que vendia para engordar o salário. Dois anos depois, tinha dez aeronaves. Desistiu do negócio quando teve a sétima crise de malária.

Em 1972, Rolim voltou para a TAM como sócio, a convite do passageiro e amigo Orlando Ometto. Adquiriu metade das ações e o restante quatro anos depois. Então realizou seu sonho de pioneirismo, instalando-se nos aeroportos pequenos e antigos das grandes cidades, atento à clientela que precisava poupar tempo.

O comandante modernizou a frota e superou turbulências na trajetória de sucesso. A pior ocorreu em 1996: a queda do Fokker 100, poucos minutos após a decolagem no aeroporto de Congonhas, em São Paulo, causando a morte de 99 pessoas.

Em julho de 2001, mês em que a Varig perdeu a liderança do mercado doméstico para a TAM pela primeira vez em quarenta anos, Rolim Amaro morreu aos 58 anos, em um acidente de helicóptero perto de Pedro Juan Caballero, no Paraguai. Infelizmente, não viveu para assistir ao maior triunfo de sua companhia aérea e para consolidar o modelo de negócio pioneiro que iniciou.

Rolim e outros realizadores de sonhos deixam a lição de que os obstáculos nem sempre são tão grandes e intransponíveis quanto se pensa. Ao contrário, tornam-se pequenos diante da obstinação de quem acredita em seus sonhos. Outra lição é que ninguém consegue realizar sonhos sozinho. Precisamos sempre cuidar dos sucessores para dar continuidade à obra que iniciamos.

Muitas vezes pensamos em desistir. Se os exemplos brasileiros listados acima não foram suficientes para demovê-lo dessa intenção, leitor, considere também alguns internacionais: Michael Jordan, superstar do basquete mundial, foi cortado do time da escola; Winston Churchill repetiu o 7º ano e só aos 62 anos de idade tornou-se primeiro-ministro da Inglaterra; Albert Einstein não sabia falar até os 4 anos de idade e só aprendeu a ler aos 7; chegou a ser expulso da escola e não foi admitido na Politécnica de Zurique. Em 1944, a diretora da agência de modelos Blue Book Modeling disse a Norma Jeane Baker: "É melhor você fazer um curso de secretariado ou arrumar um marido." Norma mais tarde ficou conhecida como Marilyn Monroe.

Outras vezes, os obstáculos podem funcionar como uma armadilha e desembocar em um círculo vicioso: as pessoas não sonham porque não têm tempo nem dinheiro. E por falta de maiores aspirações seguem como estão, sem tempo nem dinheiro, exatamente porque não sonham!

A poeta capixaba Elisa Lucinda relatou, em uma agradável conversa, as várias pedras que encontrou em seu caminho:

> Os obstáculos e infortúnios do percurso acionam a criatividade para criar atalhos e novos caminhos diante das barreiras nas estradas oficiais. Sair de cidade de Vitória, no Espírito Santo, para uma cidade grande e competitiva como o Rio de Janeiro, procurando uma porta, um espaço para o reconhecimento de minha obra; mudar de profissão (de jornalista para artista), com a vida aparentemente estabelecida; ser negra nesse país que vive sob o dogma da "boa aparência" como sinônimo de cabelos louros e pele branca, cujo povo de origem afrodescendente (a olhos vistos) é visto como cidadão de segunda classe; trabalhar com um gênero de difícil circulação, como é a poesia; soma-se a tudo isso uma criancinha no meu colo, que hoje tem 21 anos. De certa forma, todos esses obstáculos também foram estímulos, porque a dificuldade impõe a criação de uma solução, se você realmente quer e precisa vencer.

Elisa Lucinda tem se guiado nas batalhas pela frase do pensador e teatrólogo francês Antonin Artaud: "Quero estar acordado no sonho e conduzi-lo como um homem desperto." Viver de poesia, publicar livros, ser reconhecida e respeitada como atriz e morar em uma casa com quintal, jardim e pomar são alguns sonhos que ela já realizou. A poeta acalenta muitos outros:

> É preciso ter clareza do que se quer, avistar o caminho e decidir como chegar lá: se de carro, cavalo, carroça, avião, trem, helicóptero, metrô, a pé ou como der. Essa escolha será a estratégia e o destino, o sonho. Desistir é palavra proibida para quem batalha. Recuar, descansar um pouco é, muitas vezes, sabedoria e estratégia de guerra. É bom de vez em quando dar uma olhadinha no caminho percorrido para ver a que distância está o início da viagem e quanto falta até o sonho.

Alguns obstáculos são mesmo intransponíveis e, nesse caso, como sugere Elisa Lucinda, é preciso saber recuar, mudar de rota, desenhar outra estratégia. Mas muitos estão dentro da cabeça das pessoas. O maior de todos é quando pensamos: "Esse sonho não é para mim. É para outro." A maior barreira é não se considerar merecedor de um sonho, é não acreditar na própria capacidade de lutar. Daí a importância de avaliar objetivamente o peso que os obstáculos têm numa balança que apresente também o outro lado: os estímulos dos quais nem sempre nos lembramos.

O outro lado da moeda: construa suas pontes...

O que mais motiva os que conseguem transformar sonhos em projetos concretos é a esperança de melhorar a realidade, o meio em que atuam.

Cada realizador de sonhos se apoia em estímulos que podem ser comparados ao combustível que o mantém aceso. A vontade de vencer, de mostrar que é capaz, de construir algo que faça a diferença e de deixar sua marca na história é uma motivação poderosa.

Nos últimos anos, várias instituições, como o Instituto Endeavor e mesmo universidades assumiram o papel de incentivadores de sonhos, com a abertura de incubadoras de negócios para ajudar microempresários ou empreendedores menos experientes a preparar seu plano de negócios, obter financiamentos, negociar parcerias e decolar. A incubadora de negócios é, na realidade, uma incubadora de sonhos.

Mas os estímulos não se resumem aos aspectos tangíveis. O apoio de outras pessoas também traz uma força considerável, sobretudo quando surgem adversidades. Biografias de cientistas, compositores, empresários e outros personagens de destaque registram a presença de figuras sem as quais o sonho seria praticamente impossível. Anônimas, realizando um trabalho de bastidores, elas são parte fundamental do sucesso. Familiares, mentores, professores, colegas de trabalho, vizinhos e amigos têm desempenhado papel relevante em apoiar, ouvir, escutar, alertar, abrir portas, bancar o "advogado do diabo" e até, em alguns casos, oferecer um ombro quando as coisas parecem desandar.

Desenvolver parcerias eficazes e contar com a "cumplicidade" de pessoas afetivamente relevantes são ações decisivas para a realização dos sonhos de várias pessoas vencedoras.

Anjos da guarda

Diversas mulheres trabalharam à sombra de seus companheiros, inspiradas pelo sonho de fazer o outro brilhar! Zélia Gattai acompanhava o marido, o célebre escritor baiano Jorge Amado, enquanto ele criava seus tipos inesquecíveis. Familiares e amigos sabiam que a grande contadora de histórias era Zélia, que não se animava a escrever. De tanto a filha Paloma insistir, ela finalmente concordou. Aos 63 anos, publicou *Anarquistas, graças a Deus* e tomou gosto pelo ofício. Conquistou brilho próprio e se tornou, também, uma importante escritora. Veio, inclusive, a ocupar uma merecida vaga na Academia Brasileira de Letras.

Antes, Zélia devotou-se aos filhos, ao marido e à casa. Uma de suas raras incursões profissionais foi como mercadora de arte, em sociedade com a cunhada Fanny. A atividade começou a tomar cada vez mais tempo e a exigir viagens constantes, deixando Jorge Amado sozinho na Bahia. Ela conta, no livro *A casa do rio vermelho*:

> Jorge não se queixava, mas senti que ele não estava contente, nem um pouco contente. Ora, se tudo o que eu desejava na vida era fazer Jorge feliz e ser feliz com ele, por que diabo eu me metera naquela empreitada, arriscando a tranquilidade de nossa vida, arriscando até a estabilidade do nosso amor? Não tive dúvida: desisti de vender quadros.

Outro exemplo significativo de trabalho de bastidores é dado pela ex-primeira dama Sara Kubitschek enquanto lutava para resgatar a memória do marido. Em 1979, conseguiu do governo militar um decreto aprovando a construção do Memorial JK para homenagear o criador de Brasília. Esse é considerado o primeiro marco no processo de abertura política brasileira, que se consolidou nos anos seguintes. Juscelino Kubitschek foi cassado pelo regime militar, viveu no exílio na Europa e morreu em agosto de 1976, num acidente de carro até hoje não devidamente esclarecido.

O apoiador do sonho alheio pode ser feliz se tem consciência de que este é seu caminho, se escolheu a doação, se não foi sufocado nem apagado pelo talento do outro.

Raul Cortez, saudoso ator brasileiro, destacou a importância dessas figuras anônimas num dos depoimentos mais sensíveis do livro *Quando os sonhos se tornam realidade*, de Rosana Beni e Luciano Szafir.

Raul contou que, na infância, passava horas recortando figurinhas de gibi e as utilizava para criar personagens e enredos. Tudo com a cumplicidade da irmã: "Para ela, eu inventava histórias maravilhosas e, por fim, tinha maior satisfação porque era sempre aplaudido." Raul chegou a proibir a irmã de ir ao cinema só para poder contar o filme a ela depois. "Era um imenso prazer encenar, à minha maneira, a história à qual eu havia assistido. Minha irmã, por sua vez, embarcava em meus sonhos e os vivia junto comigo."

Raul Cortez lembrava-se dessas passagens com carinho e ressaltava a importância do sonho em sua vida:

> Sonhar é fundamental para que a gente vá alimentando a alma com aquilo que pretende atingir. [...] Tive obstinação para perseguir o meu e aprendi que, errando muito, a gente acaba acertando. Eu me dei ao luxo de viver minhas experiências, e foi isso que me fez um ator e também uma pessoa melhor, que tem fé e persegue seus objetivos.

Leitor, chegou a hora de você listar os obstáculos e estímulos para a realização de seus sonhos.

1. Relacione os 5 principais obstáculos para concretizar seus sonhos.

a) ....

....

b) ....

....

c) ....

....

d) ....

....

e) ....

....

Exemplo: O medo de ficar desempregado.

2. Identifique os 5 principais estímulos à realização desses sonhos.

a) ....

....

b) ....

....

c) ....

....

d) ....

....

e) ....

....

Exemplo: O incentivo de amigos que não aguentam mais me ver infeliz no emprego.

3. Identifique seus anjos da guarda.

5. Da cabeça para o papel: transforme sonhos em projetos

É de sonho e de pó o destino de um só/
Feito eu perdido em pensamentos/
Sobre o meu cavalo.

"Romaria",
Renato Teixeira

Como realizar meus sonhos? Como construir um plano para ser feliz? Por onde começar a invenção do meu futuro? Essas perguntas já me assaltaram, e uma ferramenta valiosa me ajudou a respondê-las. Eu a descobri quando fazia mestrado em Administração na Universidade de Vanderbilt, em Nashville, Tennessee, berço da música *country* norte-americana.

Edwin Bartee, meu então professor do curso de estratégia de mudança, desenvolvera, em 1973, a Metodologia da Resolução de Problemas. O ponto de partida foi a chamada "Análise do Campo de Forças", ideia desenvolvida na Alemanha, em 1947, por Kurt Lewin para explicar fenômenos sociológicos. O cientista objetivava demonstrar o equilíbrio entre forças impulsoras e forças restritivas, que estabelecem os obstáculos e incentivos para que determinados fenômenos estejam em uma "situação atual" e não em uma "situação desejada".

A metodologia desenvolvida pelo professor Bartee podia ser aplicada tanto em pessoas como em grupos, empresas e comunidades. Meu foco era o contexto empresarial. Entre os executivos norte-americanos, havia certo desconforto pelo fato de as empresas não evoluírem sempre, como se estivessem em linha reta. A economia vivia um momento de recessão, causada pela primeira crise do petróleo do pós-guerra, e era difícil para eles aceitar o fato de que a trajetória de qualquer empresa é marcada por altos e baixos, mais como ondas do que como uma linha reta.

A metodologia visava a ajudar esses empreendedores a:

- Fazer o diagnóstico da situação presente;
- Desenvolver uma visão mais clara da situação desejada;
- Identificar os obstáculos e estímulos no caminho;
- Definir as linhas de ação para chegar à situação desejada.

Tive a chance de aplicar a metodologia lá mesmo, nos Estados Unidos, em 1976, em uma avaliação do Sistema de Saúde no Estado do Tennessee. Mais tarde, passei a chamá-la de "Metodologia da Situação Desejada", ao utilizá-la em dezenas de oportunidades com várias empresas brasileiras.

Ao possibilitar uma análise clara da situação atual e uma projeção da situação desejada, a metodologia permite programar ações direcionadas ao objetivo, sem desperdiçar tempo com detalhes de pouca relevância. Portanto, meu mestrado proporcionou não só um ganho profissional, mas também uma ferramenta para uso pessoal. Além de ensinar técnicas, o professor Bartee estava me levando a pensar de forma mais prática, analisando sempre os prós e contras da caminhada para chegar aonde desejamos. Como filho de bom pescador, eu pensava, com meus botões: "O cara está me ensinando a pescar, em vez de simplesmente me dar o peixe..." Este conhecimento foi muito útil em várias ocasiões. Destaco uma.

Aproximava-se o Natal de 1999. Sentado sobre uma pedra na praia perto do Farol de Itapuã, na capital baiana, eu curtia o vaivém do mar enquanto pensava no futuro.

Estava na hora de mudar, deixar a vida de executivo na empresa onde atuava e iniciar voo solo, contribuir com outras empresas brasileiras para se tornarem mais competitivas, fazendo uso da experiência que adquiri no exterior durante quase duas décadas de trabalho.

Eu já começara a pavimentar o caminho desde 1998, escrevendo artigos para a mídia brasileira e fazendo palestras para algumas empresas. O passo seguinte seria o mais difícil: deixar o conforto e a segurança de uma grande organização para atuar como consultor empresarial. Ou seja, poder ajudar várias empresas colocando a serviço delas o que eu tinha vivido e aprendido e tornar útil meu conhecimento.

Mentalmente, como se estivesse perante um tabuleiro de xadrez, eu organizava as jogadas seguintes, uma a uma. Tinha vários sonhos: queria escrever um livro; cuidar mais da saúde, após uma década de sedentarismo e pouca dieta; ajudar empresas brasileiras a se internacionalizarem.

Já tinha realizado o chamado "sonho americano": casa confortável nos arredores de Washington, carro na garagem, cargo de prestígio numa grande empresa, filhos pequenos nascidos no território dos Estados Unidos e estudando em conhecido distrito escolar. Mas queria trazê-los ao Brasil para conviverem mais com nossa cultura de informalidade, jogo de cintura, flexibilidade; queria sair daquela cultura impessoal que estava me tornando uma pessoa mais triste.

Quantos sonhos rodaram na minha cabeça e no meu coração naquela manhã de sol testemunhada pelo Farol de Itapuã! Pedi que o farol iluminasse minha travessia em mares que poderiam ser revoltos e levantei-me, decidido a ir à luta e implementar meus sonhos.

Da cabeça para o papel

À tardinha, segui para o aeroporto e, durante as duas horas de voo para o Rio de Janeiro, transferi os projetos que havia traçado em minha mente para o único papel disponível: o verso daquele saquinho que as companhias aéreas deixavam no encosto da poltrona da frente. Com esse "guia" nas mãos, continuo trabalhando e perseguindo meus sonhos. Minhas ações têm sido coordenadas e produzem resultados mais eficientes. Tenho voltado ao Farol de Itapuã, guardião dos meus sonhos, sempre acompanhado desse saco de papel, guardião dos meus projetos. Já os refiz pelo menos quatro vezes.

Sempre achei que quem desconhece o porto de destino fica à mercê da vontade dos outros. É um eterno insatisfeito. Não identifica as vitórias, não celebra. Perde-se diante das opções. É engolido pela rotina: outro relatório urgente, mais uma reunião importante, o filho doente, o telefone tocando... Termina uma semana, começa outra. O tempo voa. E o sujeito não sai de onde está. Não decola! Por isso, preservo o hábito de sempre colocar ideias e sonhos no papel. Vou analisando um por um até o momento de decidir se devo ou não persegui-los como uma meta a ser alcançada.

Ainda naquele ano de 1999, aconteceu outro fato marcante. Eu estava em Búzios, litoral carioca, fugindo da neve de Washington, onde residia, quando recebi um telefonema de meu pai, que morava no

Rio de Janeiro. Ele queria que o levasse à queima de fogos na praia de Copacabana, algo que nunca havia presenciado. Estava muito doente e achava que aquele seria seu último réveillon. Eu não podia deixar de atender a esse pedido. Pedi carona a um amigo brasileiro que eu conhecera como funcionário de uma instituição financeira nos Estados Unidos. Após cerca de 10 quilômetros de viagem, meu amigo perguntou: "Que horas são?" Respondi que passava um pouco das 18 horas. Aí ele comentou, baixinho: "Daqui a menos de seis horas esse ano desgraçado vai embora, mas a gente fica..."

Passaram-se cinco minutos, e de repente o carro derrapou, fugiu do controle, e capotou três vezes. Eu me lembro de ter visto tudo de cabeça para baixo. Ele perdeu a direção numa curva onde havia um defeito de construção na estrada. Semanas depois, três jovens morreriam naquele mesmo lugar. Conosco, nada aconteceu além do susto, só tive um pequeno corte no pé. Não sei como, porque estava usando sapatos. O carro ficou tão amassado que na hora em que saímos dele havia pessoas da região em volta chorando. Pensavam que tínhamos morrido. O carro era de aluguel e não tinha seguro. O prejuízo custou uma "pequena fortuna".

Regressei ao ponto de partida, tomei um banho e parti outra vez para o Rio de Janeiro, em outro carro, com o mesmo amigo dirigindo. Pelo caminho, fui pensando nas decisões que havia tomado no Farol de Itapuã, na semana anterior, e naquelas metas que havia escrito no saquinho do avião. Aquele acidente me deu forças para mudar. Ocorreu numa data simbólica, 31 de dezembro de 1999, a poucas horas da entrada no ano 2000. Interpretei a virada do carro como um sinal de que devia seguir meus sonhos e fazer a minha virada pessoal. Então me enchi de coragem e comecei a implantar passo a passo os meus projetos.

Virei de cabeça para baixo, literalmente. Mas não é necessário capotar um carro para decidir realizar nossos sonhos.

Faça seu plano de ação

É um plano de ação a partir de um diagnóstico acurado da situação atual; de uma visão clara da situação desejada; de prioridades estabelecidas; e de metas claras a cumprir, que permitirão transformar o sonho em projeto.

O primeiro passo é transferir o sonho da cabeça para o papel. Faça isso. Transforme seus sonhos em projetos. Então construa seu plano de ação.

Coragem! Mexa-se!

6. Do papel para a realidade: agora é hora de agir!

E o mundo vai ver uma flor/
Brotar do impossível chão.

"Sonho impossível",
versão de Chico Buarque e Ruy Guerra
para "The Impossible Dream",
de J. Darion e M. Leigh

Um plano prevendo ações detalhadas para o período entre 1995 e 2000 foi o ponto de partida para a grande virada que Edson de Godoy Bueno, na época presidente da Amil, iniciou em sua vida e na trajetória de sua empresa. Foi o que ele me revelou durante uma conversa.

> Não podemos deixar as coisas ao acaso. Devemos estar preparados para agarrar as chances. Você tem de olhar para o curto prazo, mas é sua visão de longo prazo que vai dizer aonde você quer chegar.

Os sonhos de Godoy Bueno têm sido verdadeiros alvos móveis. Aos 15 anos, em 1958, sonhou em ser médico. Queria cursar a Escola de Medicina, na Praia Vermelha. Aos 27, o desejo era ter um hospital, a Casa de Saúde São José, erguida em Duque de Caxias, na Baixada Fluminense. Aos 33, a meta era criar a Amil. Onze anos mais tarde, o objetivo era transformá-la no melhor plano de saúde do Brasil. Em 1996, passou a se dedicar a outro sonho: fazer da Amil a melhor empresa de saúde do mundo. "Quem para de sonhar está morrendo", afirma esse "mercador de sonhos", que completa dizendo que as pessoas deveriam trazer dentro de si uma enzima provocadora e desafiadora, a "insatisfatina", que as impedisse de se acomodar dentro de sua zona de conforto. "Jamais permita que suas glórias sejam maiores que seus sonhos", ensina o empresário.

O mapa de sonhos de Edson de Godoy Bueno para aquele período de cinco anos era dividido em dois blocos: de um lado, o conjunto empresa/negócios/profissional; e, do outro, os sonhos de natureza pessoal/familiar. No primeiro, o objetivo era transformar a Amil em uma multinacional, e o caminho para atingi-lo consistia em desenvolver outras pessoas. O empresário programou 23 ações para cinco anos, algumas específicas para gerentes executivos, outras voltadas aos demais colaboradores e um terceiro grupo tendo em vista a comunidade empresarial. Godoy Bueno pretendia colaborar com sua comunidade e seu país realizando palestras e criando a Escola Amil de Administração.

No segundo bloco, o alvo era o crescimento pessoal. Estabeleceu 31 ações divididas em estudos culturais (como antropologia, música, arte e ecologia), habilidades para compreender o ser humano (princípios da psicologia, estudos do funcionamento da mente), manutenção do corpo (tênis, dieta, exercícios antiestresse), idiomas (estudo do espanhol), imagem (palestras no Brasil e no exterior), família (mais tempo juntos), relação com o universo (curso de filosofia) e lançamento de um livro.

O ex-presidente da Amil atribui muito de seu sucesso a esse plano de vida. Depois de organizar suas metas, passou a delegar tarefas e ganhou tempo para assuntos estratégicos. Uma das metas que traçou para a empresa foi inspirada no ex-presidente Juscelino Kubitschek: "Fazer trinta anos em cinco."

Esse médico, que começou a vida como engraxate, até hoje guarda a caixinha com as graxas e escovas utilizadas em seu primeiro ofício. Também foi jogador de futebol na Ferroviária de Araraquara, interior paulista. Deixou o gramado porque a miopia o impedia de enxergar a bola nos jogos noturnos. O futebol perdeu outro Edson, mas o Brasil ganhou um empresário que faz escola.

Dê vida ao que está no papel

Algumas sugestões práticas podem auxiliar na hora de tirar os sonhos do papel e transformá-los em ações concretas:

Use seu tempo de forma disciplinada

Dedicar quase todo o seu tempo à rotina diária é sinal de que algo está errado. Você tem de ser disciplinado para arranjar espaço na sua agenda para a ação em prol de seus sonhos. O melhor jeito de ganhar tempo é eliminando tarefas inúteis e burocráticas. Por exemplo, passar muitos minutos ou até horas na internet, gastar tempo precioso se metendo na vida alheia ou desperdiçar a vida diante de programas de qualidade duvidosa na TV.

Aprenda a dizer não

Faça isso quando algo não convier a seus sonhos. Quem quer fazer tudo ao mesmo tempo acaba não fazendo nada. Estabeleça prioridades e invista sua energia nelas. Não se encha de tarefas pela dificuldade de colocar limites nos outros.

Delegue o que não faz parte do sonho

Em vez de desperdiçar energia com tarefas menos importantes, que pouco acrescentam a seus planos, passe-as adiante. Lembre-se sempre da mensagem do personagem principal do filme *Fitzcarraldo*: a rotina é uma ilusão que criamos para impedir a realidade dos sonhos. O que você não pode terceirizar é seu sonho.

Eleja um apoiador para cada sonho

Pode ser um funcionário que tomará providências práticas para seu sonho profissional, um amigo que fará contatos importantes ou lembrará você de cuidar da saúde, um vizinho que possa ajudá-lo a implementar o sonho comunitário. O apoiador é uma pessoa de quem você "cobra" ações e que possa "cobrá-lo", mesmo que indiretamente. Ele consegue fazê-lo perceber que não está dedicando tempo suficiente ao seu sonho.

Escolha uma imagem para simbolizar seu sonho

Imagine qual será seu símbolo. O Farol de Itapuã desempenha esse papel para mim; a Escola de Medicina, na Praia Vermelha, para Edson de Godoy Bueno; o sofá, para Rosa Bernhoeft. Escolha uma imagem que simbolize o sonho que você quer realizar. Pode ser algo que exista apenas em sua mente ou uma figura real que remeta a seu compromisso.

Alvos móveis

É fundamental ter a consciência de que as soluções adotadas hoje poderão perder a validade amanhã. O mapa de sonhos é dinâmico; requer revisão constante e flexibilidade para incorporar os ajustes que se tornam necessários com o tempo. Daí a importância de fazer um planejamento voltado não apenas para o momento atual, mas atento ao cenário futuro.

Surgem crises e os problemas ficam mais difíceis à medida que uma empresa ou pessoa avança em direção a seu objetivo. Mas, se você se preparar, também poderá aumentar sua capacidade de lidar com as adversidades.

Esse processo não tem fim. O sucesso não implica a ausência de problemas, mas a capacidade de equacioná-los bem. Progresso envolve a habilidade de resolver problemas e enfrentar desafios cada vez mais complexos.

Grandes problemas bem equacionados podem trazer muita felicidade. Pequenos problemas mal equacionados podem trazer sofrimento. Enfrente-os assim que os perceber. Não subestime as pequenas dificuldades, elas podem crescer e virar uma incômoda "pedra no sapato".

Tirar o sonho do papel e começar a agir exige sacrifício, determinação, coragem, criatividade e muito empenho.

O sonho de Luciano Pires, executivo de uma multinacional, era fazer uma escalada no Everest. Uma pessoa comum, fazendo algo incomum, como ele definiu no livro *Meu Everest — realizando um sonho no teto do mundo*:

> Todos os livros que li sobre essa montanha foram escritos por gente, digamos, "incomum". Aventureiros profissionais, alpinistas, super-homens que parecem não sentir fome, frio, dor de barriga ou cansaço. Eu senti tudo isso.

A viagem dos sonhos de Luciano não começou em março de 2001, quando ele partiu de São Paulo para Kathmandu, mas um ano antes. Ele viveu cada preparativo com muita emoção. O tremor ao receber o primeiro e-mail da agência que organizaria o *trekking*, a compra dos materiais, a dificuldade de escolher uma bota adequada, os treinos realizados nas trilhas de Itatiaia, no estado do Rio de Janeiro, até chegar às inesquecíveis experiências ocorridas no Himalaia.

> Meu Everest é diferente de qualquer outro. Ele é feito de uma montanha, de um país distante, de expectativas, medos, desafios, constatações, deslumbramentos e sensações muito próprias.

A grande atriz Fernanda Montenegro, unanimidade nacional, também saboreia muito sabiamente o prazer da "travessia". Ela queria ser secretária bilíngue, mas, em 1950, quando estreou no teatro, descobriu sua verdadeira paixão. Ao longo de cinquenta anos, fez cem peças, 12 novelas de TV e 12 filmes. Chegou aonde nenhuma atriz brasileira jamais esteve: sua interpretação magistral no filme *Central do Brasil*, de Walter Salles Júnior, conquistou o reconhecimento internacional e a indicação para o Oscar de melhor atriz em 1999. A estatueta foi para Gwyneth Paltrow pela atuação em *Shakespeare apaixonado*. Fernanda não se abalou. "Uma brasileira entrar no seleto grupo de cinco concorrentes já foi uma façanha a ser guardada para sempre na história do cinema brasileiro", declarou, satisfeita. E continuou a trabalhar com o profissionalismo de sempre. Uma lição de vida e de sabedoria!

E, finalmente, mais uma regra de ouro que ajuda na travessia da transformação do sonho em realidade: deve-se celebrar sempre! Nas empresas, é comum comemorar apenas ao atingir o objetivo final — e sobrar bronca para os mais diversos níveis hierárquicos quando as metas parciais não são cumpridas. Essa é uma das maiores fontes de desestímulo em todos os campos — na empresa, na escola, em casa —, quando chefes, professores e pais acabam por não incentivar os sonhos e o empenho de funcionários, alunos e filhos.

É preciso comemorar na hora do gol. Correr, vibrar, fazer o batuque. A celebração a cada ponto motiva a equipe a lutar pelo ponto seguinte.

Por isso, é importante celebrar cada vitória com a família, os amigos e todos os que apoiam seu sonho. Viva intensamente todo o processo que envolve a realização de seus objetivos. Lembre-se de pensar em um objetivo como um sonho com data marcada. Aprecie a travessia, e não apenas a chegada. A felicidade não é o fim — está no todo. Não está apenas na reta de chegada, pode estar ao longo do percurso. Não desperdice as pequenas vitórias, mesmo que parciais. Mas, à medida que for conquistando vitórias rumo a seu sonho, lembre-se de que, assim como no futebol, o jogo só termina após os 90 e poucos do segundo tempo. E você já deve ter visto seu time perder nesses momentos finais.

Evite as armadilhas do sucesso

Zico foi um dos grandes craques do futebol brasileiro. Organizava o time, armava o jogo, desmoronava as defesas dos adversários e fazia gols incríveis. Como maior ídolo do Flamengo, defendeu a camisa rubro-negra por 22 anos, marcando 831 gols. Saliento desde já que sou vascaíno, o que só aumenta o respeito que sinto pelo craque, que colecionou títulos nacionais e estaduais. É um dos maiores artilheiros da seleção brasileira. Mas não teve a alegria do título mundial. Perdeu um pênalti contra a França nas quartas de final na Copa de 1986, realizada no México, o que custou a desclassificação do Brasil. Era sua última Copa do Mundo como jogador de futebol. "Esse lance vai me perseguir pelo resto da vida", disse na ocasião.

Zico voltou a sonhar com a Copa da França em 1998, dessa vez na condição de coordenador técnico da seleção comandada por Zagallo. Ajudou o Brasil a chegar à final, mas o time caiu para os donos da casa, a mesma França de 12 anos antes. O fracasso inacreditável foi atribuído ao impacto da convulsão sofrida pelo atacante Ronaldo, outro jogador excepcional que também sonhava com a conquista da Copa.

As duas histórias, de Zico e Ronaldo, ilustram as armadilhas do sucesso e o esforço necessário para gerenciá-lo com eficácia em todos os momentos, principalmente na "hora da verdade". Engana-se quem supõe que o sucesso é o objetivo final da vida. É apenas o começo. Se a partir daí a trajetória pessoal não for muito bem gerenciada, o sucesso pode se converter em fracasso.

Após o vexame no Stade de France, Ronaldo sofreu contusões violentas que o afastaram por 17 meses das partidas oficiais, trazendo o temor de que jamais voltaria a jogar com a mesma eficiência dos primeiros anos de carreira. Sonhando com o penta, ele superou os prognósticos mais sombrios. Na Copa da Coreia e Japão, em 2002, voltou a mostrar seu futebol arrasador. Fez gol em todas as partidas, inclusive os dois na final que garantiram ao Brasil a conquista de mais um Campeonato Mundial de Futebol.

Zico deu a volta por cima de outra forma: fundou uma escolinha de futebol que ajuda a tirar crianças da rua, tornou-se treinador, fez incursões como comentarista esportivo e teve uma atitude muito íntegra quando renunciou ao cargo de Ministro de Esportes, no início da década de 1990, durante o governo Collor.

Muitas vezes, gerenciar o sucesso é tão difícil quanto administrar o fracasso. Há diversos exemplos de pessoas notáveis que não ficaram conhecidas por seus maiores feitos, mas pela incapacidade de administrar o sucesso.

Roberto Baggio, artilheiro e capitão da seleção de futebol italiana, eleito o melhor jogador da Europa e do mundo em 1993, agora é lembrado pelo pênalti que perdeu contra o Brasil na final da Copa do Mundo de 1994, nos Estados Unidos.

Mike Tyson, boxeador campeão dos pesos-pesados e autor de nocautes históricos, foi preso sob acusação de estupro. E ao retornar ao esporte, em 1997, protagonizou uma cena bizarra com o adversário, Holyfield, e ficou um ano banido do boxe.

Vários são os exemplos brasileiros de empresários, políticos, artistas e esportistas que não souberam administrar o sucesso e acabaram fracassando por causa dele.

O sucesso cria situações com as quais as pessoas nem sempre estão preparadas para lidar. Alimenta ciúmes, inveja, ressentimentos. É preciso saber administrar essas energias para evitar o erro da maioria, que fica refém das principais "armadilhas do sucesso".

Vaidade

O sucesso traz satisfação e eleva a autoestima, o que só é positivo até certo ponto. A confiança excessiva pode ser prejudicial se fizer a pessoa subestimar as críticas e deixar de ouvir as opiniões de colaboradores de bom senso ou de pessoas próximas.

Acomodação

Em vez de ficar olhando para trás, olhe para o futuro. Pense no que ainda pode fazer, conquistar e aprender.

Repetição do que deu certo

Os acertos apontam caminhos, da mesma forma que os erros. Mas o comportamento obsessivo de ficar repetindo uma atitude que funcionou no passado pode inibir a criatividade, impedir a descoberta de soluções mais adequadas ao momento atual e coibir qualquer possibilidade de mudança. O mundo avança depressa. Estratégias que deram certo hoje podem ficar ultrapassadas amanhã; daí a importância do aprendizado constante.

Arrogância

Embriagada pelo sucesso, a pessoa muitas vezes se considera intocável. Pouco antes de ser divulgado o escândalo dos balanços maquiados da Enron, gigante de energia dos Estados Unidos, um de seus diretores fez uma análise do cenário futuro: disse que não via as ações da empresa valendo menos que US$50. O valor caiu para US$0,50. A cegueira foi provocada pela onipotência e pela arrogância, além dos deslizes éticos que surpreenderam o mercado.

Perda da sensibilidade

O empresário bem-sucedido tende a ficar isolado, em uma sala exclusiva, longe do que se passa no mundo real, portanto vai perdendo contato com os clientes, fornecedores e colaboradores. O artista se distancia da realidade, quebra o vínculo com os amigos de infância, afasta-se do público e acaba vivendo uma fantasia. Os escândalos que ocorrem nas grandes empresas quase sempre têm origem no distanciamento da realidade dos altos executivos, embalados pela promessa de bônus fantásticos.

Conselhos de pessoas erradas

Os bem-sucedidos tendem a ser rodeados por aduladores — pessoas que alimentam sua vaidade, mas sonegam informações vitais. Escondem a verdade para poupá-los e agradá-los. Assim, as pessoas passam a agir e tomar decisões com base em uma "realidade fictícia". A capacidade de analisar as situações vai ficando deteriorada.

Falta de autodomínio

Dinheiro, poder, bens de consumo extravagantes e hábitos desregrados podem exercer uma atração fatal. É como se a pessoa ficasse "dependente" desse combustível externo. A bebida e a droga também exercem esse efeito nocivo. O sujeito bem-sucedido acaba perdendo a noção de limite. Diego Maradona, o maior craque do futebol argentino, responsável por vitórias expressivas de seu país em campeonatos mundiais, protagonizou um vexame na Copa dos Estados Unidos, em 1994. O exame antidoping acusou a presença de uma substância proibida, a efedrina. O jogador foi expulso da Copa, brigou com dirigentes e torcedores e acabou preso por consumo de drogas. A nova oportunidade de recuperar sua imagem desgastada veio com o cargo de técnico da seleção argentina.

Mané Garrincha é nosso exemplo mais triste. Com seu drible desconcertante, foi o maior ponta-direita de todos os tempos no futebol mundial. Morreu pobre em 1983, destruído pelo alcoolismo. A irreverente cantora Britney Spears, ídolo dos adolescentes, chegou a perder a guarda dos dois filhos para o ex-marido devido a problemas com drogas.

Sem perder o norte

Há também exemplos positivos de empresas que souberam lidar com o sucesso. A Marcopolo, fabricante brasileira de carrocerias situada em Caxias do Sul, Rio Grande do Sul, é líder absoluta de mercado. De suas quatro fábricas saem 25 mil carrocerias por ano. Já opera na China, no México, na África do Sul e exporta para o Oriente Médio, os Estados Unidos e a América Latina. Apesar de todo o sucesso, seu presidente, Paulo Bellini, que fundou a empresa há quase cinco décadas, diz: "Não vamos andar 1 milímetro a mais do que nossas pernas suportam." Ele avança com cautela, respeitando a máxima da empresa: "Mesmo na liderança, há sempre algo a mais a fazer pelo cliente." Tanto é que a empresa se notabilizou por atender a pedidos exóticos, como os dos clientes sauditas que encomendaram vários ônibus com teto removível para ajudar a missão dos peregrinos que vão a Meca.

Um ditado popular diz que "do topo só há um caminho: para baixo". A Marcopolo prova que há outro: atender ao sonho de seus clientes para continuar no cume.

Algumas medidas ajudam a escapar das armadilhas do sucesso e preservar o rumo para o norte. Veja o que é preciso fazer para gerenciar bem o sucesso:

- Entender o sucesso como instrumento, não como um fim em si mesmo. Um instrumento para viabilizar outros sonhos, ajudar os outros ou a comunidade;
- Saber que o sucesso de hoje não garante o sucesso futuro. O bom resultado pode ser momentâneo, por isso é preciso estar sempre evoluindo. O verdadeiro vencedor não é quem fica contabilizando os lucros imediatos; é aquele que contabiliza as realizações feitas como ponto de partida para outras;
- Reconhecer a participação dos outros em sua vitória. Não dá para realizar o sonho sozinho. Vencedores necessitam de aliados;
- Cercar-se de gente independente e de confiança, que tenha a coragem de dizer verdades, por mais dolorosas que sejam, e relatar os fatos sem distorções. Fique longe dos bajuladores! Eles podem nos destruir;

- Não se afastar das fontes de sucesso. Estar sempre em contato com os clientes, fornecedores, funcionários, comunidade, público, amigos, família, colaboradores.

Obras inacabadas

Falar de sucesso e fracasso remete a obras inacabadas. O gênio Leonardo Da Vinci foi um campeão nelas. Fazia de tudo um pouco e deixava os contratantes furiosos porque nem sempre terminava os trabalhos. É o caso da tela *São Jerônimo*, atualmente no Vaticano. Nenhuma das esculturas que o artista italiano projetou chegou a ser concluída.

A obra inacabada pode ser comparada a um sonho interrompido: ou é retomado no futuro ou aquilo pode, pelo menos, servir de inspiração para pessoas que vierem depois. A continuação da obra inacabada pode se transformar no sonho de alguém, como Viviane Senna, que dedicou a vida ao Instituto Ayrton Senna, idealizado pelo piloto pouco antes de morrer, em 1994. "Se a gente quiser modificar alguma coisa, é pela criança que devemos começar", dizia ele. A frase foi um dos destaques da exposição "Ayrton Senna — meu sonho não tem fim", na Pinacoteca do Parque Ibirapuera, em São Paulo, em maio de 2001. Viviane transformou o sonho de seu irmão numa instituição respeitada, que atende milhares de jovens nos mais variados projetos, da área educacional à esportiva.

O sonho inacabado pode suplantar os desejos pessoais. Maria Rita Pontes trabalhou durante 11 anos em uma grande empresa. Seu sonho era implantar a área de comunicação e estava empenhada nisso quando precisou amparar a tia, a Irmã Dulce, que adoecera gravemente e empreendera um trabalho pioneiro de assistência às comunidades carentes em Salvador. Ela conta:

> Pensei que fosse só por três meses. Mas, a certa altura, tive de fazer uma opção. Abri mão de meu sonho em nome do sonho de minha tia, que era muito mais forte que o meu.

Pessoas com o desprendimento de Viviane Senna e Maria Rita Pontes não são tão fáceis de se encontrar. Portanto, acabe sua obra. Não delegue a tarefa a ninguém. Se não for possível realizar o sonho todo, faça ao menos uma parte; ou identifique desde já seus potenciais sucessores e comece a motivá-los. Esse é um dos principais desafios da maioria dos empreendedores brasileiros, que infelizmente teimam em formar seguidores, em vez de treinar outros líderes. Os realizadores que desejam a longevidade de seus sonhos sabem que precisam identificar, motivar e comprometer sucessores para que sua obra se transforme em um legado ao longo do tempo.

Leitor, é hora de agir, faça acontecer!

1. Enumere 5 prioridades dentre todas as ações que você pensou até o momento para viabilizar seus sonhos de forma equilibrada.

a) ....
....
b) ....
....
c) ....
....
d) ....
....
e) ....
....

2. Para cada prioridade listada, defina uma linha de ação, os recursos necessários, os apoios a serem buscados e a data limite para concretizar cada ação.

a) ....
....
b) ....
....
c) ....
....
d) ....
....
e) ....
....

3. Quais as principais armadilhas do sucesso que você deve evitar daqui para frente?

....
....
....
....
....
....
....
....
....
....
....
....
....
....
....
....
....
....
....
....

7. As 11 atitudes dos realizadores de sonhos

Mas é preciso ter manha, é preciso ter graça/
É preciso ter sonho, sempre/
Quem traz na pele essa marca/
Possui a estranha mania de ter fé na vida.

"Maria, Maria",
Milton Nascimento e Fernando Brant

Em outubro de 1992, estava me preparando para um fim de semana festivo quando um telefonema na madrugada de uma quinta-feira me colocou diante da situação mais dramática que já vivi. Pessoas do meu círculo de relacionamento que trabalhavam em Angola para diversas empresas internacionais especulavam que a guerra civil naquele país estava prestes a recomeçar de forma violenta. Tropas do governo já se movimentavam para enfrentar as unidades militares da guerrilha que combatia o governo angolano havia décadas. A empresa na qual eu trabalhava precisava garantir a segurança dos funcionários e iniciar a retirada imediata de enorme contingente de pessoas.

No dia seguinte, um sábado úmido e quente, após muitos preparativos e providências, aterrissamos no aeroporto da capital angolana, Luanda. Era 31 de outubro de 1992. A bordo, além de mim, ia Renato Baiardi, presidente executivo da empresa, e Otacílio de Carvalho, futuro diretor das operações em Angola. Na época, eu residia em Washington, Estados Unidos, atuando no mercado norte-americano.

Àquela altura, o aeroporto de Luanda já passara a ser uma base militar e não tinha mais o movimento normal de chegada ou partida de aviões comerciais. Centenas de funcionários da empresa já aguardavam, ansiosos, a hora de sair daquele caldeirão. Não havia tempo a perder. Baiardi ordenou que um dos aviões decolasse com o maior número possível de pessoas imediatamente após o reabastecimento. Pegamos um carro em direção ao alojamento da empresa, a vinte ou trinta minutos de distância. No percurso, ouvíamos barulhos de artilharia pesada. As ruas, sempre repletas de gente, estavam vazias. Em alguns lugares despontavam barreiras militares.

Quando nos sentamos à mesa da escola que havíamos construído no acampamento — Baiardi, Otacílio, os dirigentes locais Paulo Lacerda, Delmar, Bucalon, Francisco Prisco, e eu — para decidir como proceder à retirada dos demais, fomos surpreendidos pela explosão de uma granada. Logo em seguida, ouvimos tiros de artilharia e de metralhadora e corremos para uma trincheira construída no acampamento. A guerra já tinha começado, e só nos restava acelerar a retirada do nosso pessoal.

O transporte dos que ainda não tinham chegado ao aeroporto estava sendo feito em ônibus, escoltados por dois jipes com batedores fortemente armados, escalados pelo governo angolano para nos dar proteção. Os ônibus deixariam o acampamento a intervalos de trinta minutos, tempo necessário para a escolta acompanhar um grupo até o aeroporto e retornar para buscar o outro. Fui no último, um micro-ônibus conduzindo 18 pessoas, entre enfermeiras, auxiliares, cozinheiro. Eram 14 homens e quatro mulheres, uma delas grávida. O clima dominante era de pavor. Alguns rezavam, outros choravam. Meu medo era tanto que já nem o sentia. Levava comigo apenas o passaporte, que tirei da mala deixada no acampamento e coloquei no bolso do blazer. O último avião que nos esperava no aeroporto começou a ser metralhado pelos guerrilheiros. Baiardi mais uma vez mandou que a aeronave, com muita gente a bordo, não nos esperasse. O comandante fechou as portas e decolou de forma pouco convencional, porque as cabeceiras da pista estavam ocupadas por tropas.

Enquanto isso, tentávamos chegar ao aeroporto. No caminho, fomos surpreendidos por um ataque. Deitados no chão, ouvíamos vários tiros de arma pesada. O motorista foi atingido. Tivemos de abandonar o ônibus e correr para um matagal próximo. Fomos levados para um quartel militar, onde conseguimos chegar ilesos. Lá dentro, havia uma fila de angolanos, homens e mulheres de várias idades, inclusive adolescentes, que recebiam armas e instruções para resistir aos ataques da guerrilha. Naquele terrível fim de semana, cerca de 1,2 mil pessoas morreram em Luanda.

Os oficiais militares nos conduziram ao gabinete do comandante, uma sala de paredes nuas, com uma janela que nos permitia ver o muro externo do quartel. Ficamos ali durante 24 horas. Não tínhamos o que comer ou beber, nem conseguíamos dormir.

No livro em que narra esse episódio em detalhes, batizado com o sugestivo título *25 anos em 24 horas*, Renato Baiardi escreveu:

> Senti-me encurralado entre o drama da guerra e a possibilidade de alcançar um avião que me tirasse de lá, atravessando uma espécie de noite que nunca terminava, quando o tiroteio e o céu iluminado pelas fagulhas direcionaram meu pensamento para um passado longínquo.

Guerrilheiros tentavam invadir o quartel. De um lado a outro, vários morriam em combate. Diversas vezes imaginei que jamais sairia dali com vida. O medo foi intenso. Baiardi me tranquilizava. Em virtude da falta de água, comecei a ter uma crise renal. Pensei, apavorado: "Se não morrer por um tiro, talvez não escape dessa infecção."

Na segunda-feira, finalmente vislumbramos a possibilidade de fuga. Delmar Siqueira, colega que vivia em Luanda, mostrou toda a sua capacidade de coordenação logística e grande dose de criatividade e agilidade. Acompanhados por uma escolta militar formada por seis caminhões blindados, seguimos até o aeroporto, onde um bimotor nos aguardava na pista. Quando estávamos prestes a embarcar, o tiroteio recomeçou. Entramos correndo no avião e o piloto decolou. Ao atingir a altitude de 7.500 pés, ele finalmente anunciou: "Agora estamos a salvo dos tiros. Mas apertem os cintos, porque vamos atravessar uma zona de forte tempestade com raios e trovoadas..." Pousamos no Congo, e dali fomos para a Namíbia, de onde voltamos para o Brasil num DC 10 da Vasp, uma companhia aérea brasileira na época.

Enquanto regressávamos, comecei a sonhar com algo que pudesse fazer para acabar com aquele conflito armado. Uma coisa é receber notícias de guerra pelos jornais e TV, outra bem diferente é testemunhar o confronto, viver a situação na pele. Presenciei uma guerra tribal encoberta por dois partidos políticos. Estava em estado de choque e precisaria de ajuda terapêutica para me recuperar.

Munido de determinação, comecei a maquinar aquele que viria a se tornar um dos projetos mais ousados e difíceis da minha vida. Quando Baiardi, sempre bem-informado e intuitivo, disse-me, mais de um ano depois, que a ONU finalmente pretendia organizar uma concorrência internacional para prestação de serviços de apoio logístico à Força de Paz para Angola, começamos a articular nossa participação nesse esforço. Nascia um sonho em minha alma, simbolizado por uma imagem muito forte: atuar lado a lado aos capacetes azuis da ONU, no esforço pela paz em Angola!

Fui autorizado a negociar um consórcio com uma empresa norte-americana com experiência militar para somar sinergia ao nosso conhecimento da cultura angolana e do idioma português. E ganhamos a concorrência pública internacional. Pela primeira vez uma empresa de um país que não era membro do Conselho de Segurança da ONU foi escolhida para prestar serviço às Nações Unidas. O consórcio era incumbido de oferecer apoio logístico à Força de Paz composta de 7 mil soldados da ONU. Nossa equipe, composta por cerca de 1,2 mil angolanos e quase trezentas pessoas originárias de 29 países, era encarregada de providenciar roupas, abrigo, transporte, alimentação, remédios, equipamentos, sistemas de comunicação e tudo o que fosse necessário para a Força de Paz cumprir sua missão.

Os espíritos construtivos de Baiardi, Otacílio e Emílio deram apoio incondicional para a conquista desse contrato e a participação nesse esforço pela paz. Apesar de essa atividade não fazer parte do negócio principal da empresa, estávamos todos comprometidos em dar nossa contribuição, participando daquele importante passo para a paz, assinada alguns anos depois.

A experiência marcante que vivi em Angola ilustra várias características comuns aos realizadores de sonhos, pessoas de carne e osso que expressam suas visões e valores, estabelecem parcerias, superam obstáculos, valorizam as relações interpessoais, encontram oportunidades para transformar a si mesmas e aos outros, aprendem com os erros, confiam na intuição e compartilham o desejo de fazer do mundo um lugar melhor.

As principais atitudes dos realizadores de sonhos são apresentadas a seguir, ilustradas por histórias de pessoas que sonharam, acreditaram e construíram seu futuro com base nessas atitudes — assim como você, eu e cada um de nós também pode fazer!

Determinação e perseverança

Obstinação, tenacidade, perseverança, decisão, persistência, garra ou apenas teimosia, como preferia dizer o empresário Abraham Kasinsky. Todas essas palavras fazem parte da biografia dos realizadores de sonhos. Assertivos, perseguem seus objetivos sem desistir diante das dificuldades. Mas perseverar não significa insistir no erro, caso tenha uma estratégia equivocada para seu sonho. Em alguns momentos, é melhor mudar de tática.

O próprio Kasinsky, empresário muito bem-sucedido, em vez de se aposentar aos 82 anos, decidiu iniciar um negócio. O pioneirismo já fazia parte de sua história. Nos anos 1950, montou a primeira fábrica de autopeças do Brasil. Percebeu que aquela indústria cresceria e precisaria de matéria-prima nacional. Um dia um político apareceu no portão de sua casa. Tratava-se de ninguém menos que Juscelino Kubitschek, que queria ser presidente do Brasil. Kasinsky resolveu apoiá-lo. "Era um sonhador como eu", relembra. Juscelino foi eleito e impulsionou a indústria automobilística. Kasinsky fez da Cofap a maior empresa brasileira do setor de autopeças.

Em 1997, cansado das desavenças familiares devido à sucessão, vendeu suas ações. Mas não conseguiu ficar parado muito tempo. Comprou uma fábrica na Zona Franca de Manaus e começou a produzir motocicletas. Hoje, a moderna e robotizada Motos Kasinski também faz triciclos e se prepara para lançar um carro popular genuinamente nacional, o sonho atual desse filho de imigrantes russos que parece estar sempre à frente do seu tempo.

Não foi à toa que o publicitário Washington Olivetto, da W/Brasil, escolheu ele próprio para ser o garoto-propaganda dos produtos Kasinski. No filme, esse octogenário aparece fazendo acrobacias sobre uma moto, enquanto o narrador diz: "Kasinsky está sempre na frente." Apontado pela revista *Dinheiro* como "o empreendedor do ano em 2002", ele atribui seu sucesso a muito trabalho, teimosia e vários sonhos. "Tudo na minha vida começou com um sonho", contou, em entrevista ao jornalista João Dória Júnior, exibida no programa *Show Business*, de 26 de janeiro de 2003.

Determinação, dinamismo, obstinação, capacidade de trabalho e talento gerencial típicos de um alto executivo também não faltaram a uma jovem freira baiana de aparência frágil. Essa realizadora de sonhos surpreendeu a todos às vésperas da Segunda Guerra Mundial. Maria Rita de Souza Brito Lopes Pontes, nascida em maio de 1914, abraçou a vida religiosa aos 20 anos e tornou-se a Irmã Dulce. Em vez de apenas rezar no convento, pediu autorização à Madre Superiora para abrigar os doentes recolhidos das ruas de Salvador no antigo galinheiro anexo ao convento. Do galinheiro fez um hospital. E do hospital iniciou uma das maiores obras sociais deste país.

Ela resolveu erguer uma casa para seu trabalho social no Largo de Roma. Mas era preciso obter recursos para a obra. Irmã Dulce não titubeou. Conseguiu uma audiência com o presidente da República, Eurico Gaspar Dutra, um homem de horários insólitos e métodos administrativos peculiares. A audiência foi marcada para as 5 horas da manhã no Palácio do Catete, no Rio de Janeiro. No horário, lá estava ela, com toda a documentação muito bem-organizada. Obteve uma doação de 6 milhões de cruzeiros da época.

Esse foi o ponto de partida para a formação do Complexo Assistencial do Largo de Roma. Mesmo após a morte de Irmã Dulce, em 1992, suas obras assistenciais seguem de vento em popa, sob o comando da sobrinha, que herdou seu nome, Maria Rita Pontes. São vários núcleos de atendimento com instalações modernas, mais de mil leitos, quase 2 mil funcionários, mais de quatrocentos médicos, trezentos residentes e trezentos voluntários. Todos os dias mais de 4 mil pessoas são atendidas gratuitamente.

O antigo Cine Roma, onde ela construiu o Círculo Operário, em 1948, está se transformando na Igreja da Imaculada Conceição da Mãe de Deus, um santuário para perpetuar a memória de Irmã Dulce. Seu processo de beatificação foi encaminhado à Santa Sé pelo frei italiano Paolo Lomardo.

Criatividade e inovação

Os realizadores de sonhos inventam novas soluções para velhos problemas em vez de ficar repetindo as saídas que deram certo no passado. Não se acomodam diante dos obstáculos, nem de derrotas passageiras. Transformam eventuais quedas em passos de dança. São criativos na hora de sonhar e na gestão da travessia. Acreditam que uma ideia ou um produto inovador requer um contexto que fomente a originalidade, portanto também estimulam esse atributo entre seus subordinados.

Criatividade não falta a José Alberto Almeida de Carvalho, um quarentão que, junto com dois irmãos, fundou a "Equipe Ninja", um serviço de táxi em Salvador cujos diferenciais são rapidez, prontidão e atendimento personalizado 24 horas. Junte-se a isso pitadas de paixão, prazer em superar expectativas, disposição para contar uma boa história e extrema confiabilidade, e é possível entender por que a equipe conquistou clientes como o Citibank, o McDonald's, a Federação das Indústrias da Bahia e o Praia do Forte EcoResort. Sou cliente desses motoristas inusitados sempre que vou a Salvador.

"Comecei a investir nos usuários dos nossos serviços fazendo um cadastro personalizado de clientes e mandando lembranças na Páscoa, no aniversário e no Natal", conta Alberto, sergipano de São Simão, que aos 14 anos estudava e trabalhava como ajudante de confeitaria no Hotel Méridien. Em 1985, com a morte do cunhado taxista, herdou um fusca cheio de prestações para pagar. À noite, trabalhava em hotel; de dia, como taxista. Juntando economias, comprou mais um carro, conseguiu financiamento para um terceiro e assim nasceu a "Equipe Ninja".

Realizadores de sonhos favorecem o clima de inovação ao seu redor. É o que acontece, por exemplo, na Brasilata, a terceira maior fabricante de latas metálicas do país, situada em Rio Verde, Goiás. Há três anos um operário da fábrica conquistou a medalha de prata no Can of the Year, um importante prêmio do setor de embalagens metálicas, ao apresentar a ideia de fazer frisos numa lata quadrada de 9L. A lata ficou mais resistente com uma chapa de metal mais fina, que reduziu os custos de forma significativa. A Brasilata já conquistou 29 novas patentes. "Nossos novecentos funcionários são todos inventores", gosta de enfatizar Antonio Carlos Teixeira, dirigente da Brasilata na época.

Não acomodação

Eternos insatisfeitos, realizadores de sonhos estão sempre buscando mais, como se fosse um vício. Vibram com as conquistas, mas não se acomodam. Têm um apetite insaciável por informações novas e por perspectivas diferentes. Olham para as pessoas e situações procurando aperfeiçoar seus conhecimentos. Tiram lições dos erros e acertos. Os tombos não os intimidam, e o sucesso não os acomoda. Não conhecem o que se convencionou chamar de zona de conforto. Lembra-se da "insatisfatina", aquela enzima sugerida pelo Edson Godoy, em tom de brincadeira? Os realizadores de sonhos não saem de casa sem ela...

O arquiteto paulistano João Armentano, hoje famoso, teve de transformar várias quedas em passos de dança até conseguir se estabilizar na profissão. Estava na faculdade quando o pai de um amigo ofereceu uma casa para montar um escritório. Como eram inexperientes, chamaram outro amigo, muito bem relacionado, para atrair clientes. E mais um outro, mestre em desenho técnico. "Para mim, a sociedade parecia perfeita. Mas só para mim. Na cabeça dos outros havia alguém sobrando, e esse alguém era eu", contou, em depoimento a um jornalista.

Recém-formado, sem dinheiro, quase pensou em desistir. O pai o animou a chutar essa pedra para a frente e continuar. Montou um escritório com um amigo, mas precisaram fechá-lo em menos de um ano. Foram trabalhar na casa do amigo e ligavam para os clientes do orelhão. Até que conseguiram alugar uma casinha. Com o crescimento do escritório, foram para uma casa maior, num bairro melhor. Havia tanto serviço que resolveram desfazer a sociedade.

Quando tudo parecia bem, tiveram as economias sequestradas, como a de todos os brasileiros, numa canetada daquele presidente e daquela ministra da economia que deixaram um rastro de frustração e ressentimento. João Armentano retomou a sociedade com o amigo e, aos poucos, ambos foram reerguendo os dois escritórios. O arquiteto afirma:

> Acredito em luta para conquistar ideais. Não sou de família rica e precisei trabalhar muito para conquistar tudo o que consegui, mas sempre tive claro em minha cabeça que é importante cultivar objetivos. Se não possuir nada, tenha pelos menos clareza para saber aonde pretende chegar. A partir daí, fica mais fácil traçar o caminho.

Coragem e ousadia

Realizadores de sonho têm uma mistura desses dois ingredientes. Não têm medo de correr riscos. Não aceitam o não. Fazem o que antes parecia impossível.

Leila Diniz, símbolo da revolução feminina nos anos 1960, reflete muito bem esse sonho de liberdade, de ser feliz, de não se deixar aprisionar por tabus. Escandalizou a sociedade brasileira numa época em que a repressão dominava o país, ao exibir sem pudor — característica dos hipócritas — sua gravidez vestindo um biquíni.

Jovem e bonita, Leila Diniz era uma mulher de atitude. Falava sobre a vida pessoal sem constrangimentos. Chocou o país ao proferir opiniões que desestabilizavam os códigos sociais da época. Atriz de 14 filmes, 12 telenovelas e muitas peças teatrais, foi invejada e criticada. Morreu precocemente aos 27 anos num desastre de avião no aeroporto de Orly, nos arredores de Paris. Grande perda para a geração que borbulhava nos anos 1970!

Foco, foco, foco

Apesar do dinamismo e de tocarem vários projetos ao mesmo tempo, os realizadores de sonhos não perdem o foco, não desperdiçam tempo e energia com tarefas que não fazem parte de seu sonho.

Em 2008, a jornalista Fátima Bernardes, em entrevista à imprensa, declarou:

> É preciso ter equilíbrio e percepção para saber onde você precisa se doar mais em determinado dia, se é no trabalho ou em casa, com o marido e os filhos. Você tem de estar sempre atenta 24 horas por dia.

Ex-apresentadora do telejornal mais assistido do país, é casada há 26 anos com o jornalista William Bonner e é mãe dos trigêmeos Laura, Beatriz e Vinícius. Ela passou a apresentar um programa próprio e é considerada um símbolo da mulher moderna e bem-sucedida, capaz de conciliar a profissão, a vida familiar e os cuidados com a saúde.

Disciplina com os detalhes

Em vez de deixar tudo por conta do famoso "jeitinho", os realizadores planejam e costumam antecipar cada detalhe de suas ações. É o mesmo que acontece com os pênaltis em um jogo de futebol. Quem treinou está preparado e administra as oportunidades, tem mais chances de convertê-los em gol.

O navegador Amyr Klink tirou os sonhos da cabeça, colocou no papel e os transformou em realidade, cruzando o oceano Atlântico em um minúsculo barco a remo. Passou um ano isolado na Antártida. Deu a volta ao mundo mais curta e mais difícil — algo muitas vezes tentado, mas nunca antes conseguido —, circunavegando o continente gelado.

"O planejamento amplia as chances de dar certo à medida que minimiza as chances de dar errado", afirma, na entrevista registrada no livro *Gestão de sonhos*, de Sérgio Almeida.

> O planejamento é como um patamar de referência, serve para ordenar as ações. Pode inibir a criatividade, entretanto não é possível estimular a criatividade sem uma direção.

Amyr ressalta que a origem dos problemas do projeto quase sempre está nos detalhes aparentemente insignificantes, não nos grandes acontecimentos. Certa ocasião, ao testar os kits de alimentos projetados por sua nutricionista, Amyr encontrou um pacotinho em que só havia três ameixas secas. Havia pedido um punhado. Ao questionar a nutricionista, ela o perguntou se sabia o peso de uma ameixa seca.

> Eu não fazia a menor ideia de que pesava 10 gramas. Eram 98 mil saquinhos para as 169 semanas de viagem. Se colocasse uma ameixa a mais em cada um, afundaria meu barco.

Desenvolver parcerias

Os realizadores de sonhos sabem motivar pessoas. Conseguem resultados por meio da força dos outros à medida que os ajudam a realizar os próprios sonhos. Estabelecem relações de troca. "Meu sonho foi ter um projeto de empresa onde não apenas eu, mas os homens e as mulheres que trabalham comigo pudessem realizar seu projeto de vida", afirma Firmin António, que durante décadas foi presidente do Grupo Accor no Brasil. Ele investiu para que sua empresa se configurasse como um ótimo lugar para trabalhar, o melhor serviço para o cliente e o melhor investimento para o acionista.

Firmin chegou ao país vindo de Portugal, sua terra natal, em março de 1976, ciente das condições excepcionais de desenvolvimento que havia por aqui, ao lado dos enormes desafios. Sonhou em criar uma organização de sucesso que fosse útil para o Brasil. A Accor se tornou um dos maiores grupos de serviços do país, movimentando um alto volume de negócios, e gerou 27 mil empregos.

Desenvolveu produtos inovadores que melhoraram a qualidade de vida do trabalhador e a produtividade das empresas. Mas Firmin não pretende parar por aqui: "Tenho muitos sonhos ainda a realizar", afirma enigmaticamente no momento em que se posiciona para alçar novos voos em sua vida profissional.

Em vez de esperar as condições favoráveis à realização de suas aspirações, os realizadores partem em direção aos projetos e buscam os recursos e os meios necessários por meio de parcerias. José Roberto Caldas Pinto, o Zé Pescador, todo dia acordava cedo para trabalhar na Ilha de Itaparica, na Bahia. Depois de passar boa parte do dia no mar, ficava bebendo com os amigos. Um dia, Janaína, sua filha, na época com 8 anos, repreendeu o pai por estar capturando lagostas na fase de reprodução: "Papai, você não tá deixando os filhinhos de lagosta nascerem?" As palavras da menina e seu olhar de decepção tocaram fundo o coração do pai.

Zé Pescador decidiu mudar de vida. Fundou a Pró-Mar, primeira organização não governamental com o objetivo de deter a degradação ambiental e social da ilha. Segundo o ex-pescador e atual empreendedor social: "A ONG é um sonho compartilhado, desses em que a torcida é forte mesmo. Um sonho legitimado na Ilha de Itaparica, que envolve as pessoas e as motiva a sonhar juntas."

A entidade começou pequena, fazendo um trabalho de limpeza das praias, dando cursos para estudantes de escolas públicas da localidade, ensinando os pescadores e seus filhos a preservarem o ambiente. Agora, desenvolve um trabalho voltado para organizar roteiros turísticos e mergulhos ecológicos, com os quais pretende divulgar a riqueza da fauna e da flora do fundo do mar. Craque na arte de cultivar parcerias, Zé Pescador aplicou este talento com a finalidade de fazer sua Pró-Mar decolar, inclusive através de uma associação com a Fundação Avina, uma ONG sediada na Suíça.

Estar preparado para ter sorte

Uma pessoa pode fazer tudo certo e ainda assim seu sonho dar errado. É preciso estar preparado, no lugar certo e na hora certa. Um amigo meu, pessoa simples, que mora no interior, certa vez me disse que sorte é estar pronto para montar um cavalo encilhado na hora em que ele passa na sua frente. É preciso estar alerta para ver a porta que se abre, e preparado para não deixar a oportunidade passar. Já outro amigo, cosmopolita, cidadão do mundo, costuma dizer: "Quanto mais eu trabalho, mais sorte tenho!" Partindo de pontos de vista bem diferentes, ambos comungam da mesma opinião sobre o que significa ter sorte. Adiciono mais uma, de origem popular: sorte é quando a oportunidade bate à sua porta e você atende...

Há pessoas que sabem cavar a sorte, fazer a conexão certa. Para Richard Wiseman, professor de Psicologia da Universidade de Hertfordshire, no Reino Unido, a sorte não é um atributo mágico, um dom exclusivo de felizardos. No livro *O fator sorte*, lançado no começo de 2003, Wiseman sustenta que as pessoas sortudas apresentam quatro atitudes básicas:

- Criam oportunidades para que coisas boas aconteçam, maximizando suas relações e iniciativas, abrindo-se a novas experiências e adotando uma postura relaxada com relação à vida;
- Tendem a tomar decisões seguindo a intuição;
- Acreditam que de fato terão boa sorte e insistem em seus objetivos;
- Geralmente lidam bem com adversidades, transformam notícias ruins em estímulos para novas ações e atitudes, adotam uma postura mais otimista que pessimista.

Inspirar pelos valores

Os valores são muito mais abrangentes que os sonhos. Podem até condicioná-los, pois de certa forma os precedem. Revelam a profundidade dos sonhos, a essência na vida de cada um. Expõem atitudes, posturas, a razão de ser de uma decisão, uma escolha profissional, um negócio. Alguns valores são universais, como o direito à vida, à liberdade, o respeito ao próximo. Em tais casos, não há o que discutir. A mobilização é imediata. O grande perigo é quando os valores são utilizados para manipular desejos e ações, principalmente no terreno político.

No mundo empresarial existem alguns exemplos bem-sucedidos de mobilização por valores nobres. É o caso da Natura. Criar e comercializar produtos e serviços que promovam o "bem estar bem" é a razão de ser dessa empresa nacional, que mobilizou seus colaboradores, consultoras, fornecedores e sociedade como um todo em torno desse conceito.

Ainda adolescente, o sócio-fundador da Natura, Luiz Seabra, observava a preocupação com a aparência das pessoas ao redor e passou a nutrir o desejo de criar produtos que permitissem uma melhor relação do indivíduo consigo próprio, promovendo o bem-estar.

Trabalhou numa empresa de tecnologia e "por coincidência" foi parar na divisão de barbeadores elétricos. Só que, em vez de se ater àquela novidade tecnológica da época, pensava na pele do rosto, na barba, nos cabelos dos usuários daquelas "máquinas". Depois, foi trabalhar em um laboratório de cosméticos dirigido por um francês.

Aos 27 anos, estava ansioso por criar uma empresa em outras bases, um negócio vinculado a uma bandeira: libertar as pessoas dos estereótipos e padrões de beleza que as aprisionavam. É ele quem conta:

> Eu não aceitava o cosmético como um instrumento de alienação, de aprisionamento, mas como um veículo para criar o bem-estar, aumentar a autoestima, libertar as pessoas e estreitar a relação entre corpo, espírito e mente.

Apesar dos preconceitos da época — o senso comum de que cosmético deveria ser coisa do universo feminino —, a Natura decolou seguindo uma trajetória pouco convencional. E conseguiu fazer a síntese de coisas aparentemente inconciliáveis, o que lhe permitiu dar vários saltos qualitativos que moldaram a empresa como vencedora em um mercado bastante disputado.

Um deles foi quando Seabra se deu conta de que aquela atividade aparentemente relacionada ao supérfluo — tratamento, beleza, estética — o levaria a conhecer melhor o outro e levaria os outros a se conhecerem mais profundamente. "Os cosméticos fazem as pessoas tocar no próprio corpo, aumentam o nível de reflexão sobre o ser", explica. Ou seja, a Natura não vende apenas um produto, vende também o intangível, um conceito, um veículo de autoconhecimento. Vende, ao mesmo tempo, o produto e o "não produto".

Outro salto qualitativo aconteceu quando a Natura começou a crescer. Até então, Seabra dava consultas individuais e realizava palestras. Como conciliar aquele sistema quase "artesanal" com a distribuição em larga escala para atender um grande número de clientes? A saída foi multiplicar profissionais capacitadas para consultas em vez de simplesmente aumentar o número de lojas. No fim da década de 1980, com o ingresso de Guilherme Leal no "Sistema Natura" e, posteriormente, com a participação de Pedro Luis Passos, a empresa consolidou o alicerce para o grande crescimento que vem caracterizando sua trajetória. Hoje, a Natura conta com um verdadeiro "exército" de mais de 600 mil consultoras espalhadas em quase todos os cantos do país.

A linha Natura Ekos, criada em 1999, foi inspirada na crença de que "a vida se manifesta através da diversidade". Foi uma sacada inacreditável! Uma inversão das práticas usuais em administração. Em vez de o negócio ter valores, os valores também podem gerar oportunidades de negócio! Talvez por isso o compromisso com os valores tenha virado o diferencial da Natura, que sedimentou sua imagem associada à inovação e qualidade.

A Natura é o resultado do sonho de muitos. Uma paixão coletiva. Como sabiamente afirmou Seabra, em uma conversa inspiradora que tivemos em seu escritório: "A trama da vida é muito mais fascinante e complexa do que podemos imaginar ou do que projetos individuais podem transmitir."

Paixão

A tecnologia muda todo dia, mas a chave do sucesso continua sendo a velha paixão. O realizador de sonhos se apaixona por suas tarefas e missões. Trabalha com emoção. Busca na paixão a força para realizar seus sonhos e não os trata burocraticamente.

"O negócio só vai para a frente quando você usa a alma", ensina o empreendedor Carlos Dias, da fábrica de pijamas Fits Well, em Guarulhos, São Paulo. Ex-funcionário de um banco, demitido em um grande corte de pessoal, foi vender bijuterias como camelô. Um dia, passou a fiscalização e apreendeu toda a mercadoria. Em vez de ficar se lamentando, ele comprou 8 metros de tecido para a mãe, que é costureira, fazer cuecas samba-canção, as primeiras peças de sua confecção. Além dele e da mãe, havia só um funcionário, o irmão, e duas máquinas de costura na garagem de casa. Hoje, Dias comanda uma empresa com 150 funcionários.

Realizadores de sonhos explicitam seu propósito, seu rumo, e contagiam as pessoas. Conseguem o melhor dos outros porque dão o melhor de si. Apaixonam os demais porque são apaixonados pelo que fazem.

Diminuir a exclusão digital da maioria dos brasileiros foi a grande causa abraçada e disseminada por Rodrigo Baggio, um consultor de informática que nas horas vagas criou uma escola no Morro Santa Marta, no Rio de Janeiro. Deu tão certo que abriu mais duas e foi se multiplicando. Hoje, ele se dedica exclusivamente à rede que virou a maior e mais bem-sucedida ONG de inclusão digital do mundo. O CDI atua em 35 cidades brasileiras e em países da América Latina, como o Chile, o Uruguai e o México, além do Japão e da África do Sul. Desde 1995, já passaram por suas 470 escolas mais de 200 mil alunos, só no Brasil. Com metodologia própria de ensino, desenvolvida com recursos doados pelo BNDES, e professores voluntários, o CDI instala as escolas, dando o empurrão inicial, e depois elas viram autossustentáveis. A iniciativa de Baggio foi premiada pela ONU.

Ao conversar com realizadores de sonhos com grande grau de sucesso e com algumas pessoas que se frustraram porque não conseguiram decolar os seus, foi ficando claro que os problemas não estavam apenas nos sonhos em si, mas nas atitudes de quem os sonhava. Aprendi estas coisas cruciais para transformar sonhos em realidade:

Determinação e perseverança
Criatividade e inovação
Não acomodação
Coragem e ousadia
Foco, foco, foco
Disciplina com os detalhes
Desenvolver parcerias
Estar preparado para ter sorte
Inspirar pelos valores
Paixão

Acrescentaria à lista mais uma atitude: *Não paute sua vida pelo dinheiro!*

Agora que você conhece as principais atitudes comuns aos realizadores de sonhos, chegou a hora de refletir sobre seu perfil. Das atitudes até aqui listadas, quais você já possui? Que tal fazer seu mapa de atitudes?

1. Identifique 3 atitudes que você precisa ADQUIRIR.

a) ....

....

b) ....

....

c) ....

....

2. Liste 3 atitudes que você deve CONSOLIDAR.

a) ....

....

b) ....

....

c) ....

....

3. Liste 3 atitudes que você precisa ELIMINAR.

a) ....

....

b) ....

....

c) ....

....

8. Você é do tamanho dos seus sonhos

Não me interessa saber como você ganha a vida. Quero saber o que mais deseja e se ousa sonhar em satisfazer os anseios de seu coração. Não me interessa saber sua idade. Quero saber se você correria o risco de parecer tolo por amor, pelo seu sonho, pela aventura de estar vivo [...]

O convite,
Oriah Mountain Dreamer

Em minha trajetória, alguns sonhos deram muito certo. Outros, nem tanto. Portanto, sempre achei melhor viver vários sonhos para aproveitar ao máximo a grande oportunidade de lutar, realizar, acertar, errar e até mesmo começar tudo de novo.
Mas na realidade não importa muito quantos sonhos você tenha, nem se são grandes ou pequenos. O importante é que eles tragam a possibilidade de inventar seu futuro.

Tampouco importa em que fase esteja sua vida, pois os sonhos não têm idade, nem nunca envelhecem. O importante é que você, se anda absorvido pela roda-viva e perdeu o hábito de sonhar para enfrentar a dura realidade diária, desengavete seus sonhos e os transforme em projetos.

Não importa se seus sonhos viraram pesadelos; o importante é que você se prepare para dar uma virada e fazer uma grande mudança, inaugurando uma nova fase na sua vida.

O que importa é que você volte a acreditar nos seus sonhos e a lutar por eles. E que assuma o comando da sua vida.

Acorde para sonhar!

O que importa é que você, mais cedo ou mais tarde...

... trace seu mapa de sonhos, evitando ter apenas um único sonho.

... equilibre seus sonhos nas diferentes esferas da vida.

... identifique e remova os obstáculos, as pedras no caminho.

... localize e fortaleça os estímulos, construindo pontes para seus sonhos.

... transforme seus sonhos em projetos.

... transfira seus sonhos da cabeça para o papel.

... parta para a ação, dando vida ao que está no papel.

... previna-se contra as armadilhas do sucesso.

... celebre sempre, mesmo as pequenas vitórias.
... identifique as atitudes que você precisa adquirir, consolidar e eliminar.
... identifique seus aliados no trabalho, em casa, entre os amigos.
... identifique também os que jogam contra seus sonhos e previna-se.
... sonhe junto com outras pessoas, em vez de sonhar sozinho.
... incentive os outros a sonhar. Não seja castrador dos sonhos alheios.
... escolha uma imagem, um ícone que simbolize seu sonho.
... coloque a cabeça nas nuvens, mas mantenha os pés no chão.
... mantenha o foco, foco e foco.
... faça de uma eventual queda um passo de dança. Não desista nunca!
... saiba que a fita métrica dos sonhos está dentro de cada um.
... viva seus sonhos intensamente. Você é o seu sonho!
... escreva uma nova história para sua vida.

O que importa é que você, mais cedo ou mais tarde, entenda que...

... o sonho é a primeira etapa da estratégia.
... sonhar é inventar o futuro, não apenas tentar adivinhá-lo.

... quem não luta por seus sonhos vira coadjuvante dos sonhos dos outros.
... é melhor viver por seus sonhos do que morrer por eles.

Quanto à sorte, entenda que você a faz acontecer. Esteja preparado...

... você é do tamanho dos seus sonhos!

9. Capítulo do leitor: agora, o autor é você

Amanhã/
Será um lindo dia/
Da mais louca alegria...

"Amanhã",
Guilherme Arantes

Até aqui você ouviu relatos de muita gente. Agora, é a sua vez. Chegou a hora do seu depoimento. Dê continuidade a este livro.

Escreva o próximo capítulo, apresentando seus sonhos e como planeja realizá-los no futuro próximo.

Aceite meu convite, assuma este novo papel. Nas próximas páginas *o autor é você!*

Descreva seu sonho e como pretende realizá-lo:

Se desejar, pode enviar o que escreveu aqui para o autor.

Faça-o pelo e-mail: cesarsouza@empreenda.net ou acesse

o site grupoempreenda.com.br.

Posfácio

Palavra de editora

Hora de sair da mesmice e tentar algo novo

Publicado originalmente em 2003 pela Editora Gente e em 2009 pela Editora Agir, *Você é do tamanho dos seus sonhos* é um grande sucesso, tendo inspirado dezenas de milhares de pessoas e alcançado uma marca bastante expressiva de vendas de exemplares para os padrões do mercado editorial brasileiro.

O autor César Souza também é profissional bem-sucedido como empresário, palestrante, consultor, considerado um dos 200 Líderes Globais do Futuro pelo Fórum Econômico Mundial de Davos, Suíça. Ele nos incentiva a ter sonhos, definir metas para alcançá-los, transformá-los em projetos viáveis — esse é o objetivo maior da sua obra. Como ele mesmo aponta: "Projetos são sonhos com data marcada!"

O lançamento desta **edição definitiva**, em 2016, coincide com um momento muito oportuno para todos nós. A recessão atingiu em peso a indústria, o comércio, os serviços, os estudos; fez adiar planos, sonhos. Mas o que não podemos é paralisar. A vida segue, as contas chegam. A hora é de sair da mesmice e tentar algo novo. Nas palavras do próprio César Souza: "O novo pode ser o resgate de sonhos arquivados na sua alma e passíveis de serem realizados por meio de parcerias inovadoras."

Sair da zona de conforto e alterar a rotina não é fácil. Requer determinação, escolhas, planejamento. Também demanda apoio familiar. E exige empreender mudanças objetivas para a concretização de projetos, de sonhos possíveis.

É um ato de coragem.

É um ato de fé.

César é incansável ao recorrer a situações reais, tanto em suas consultorias, como no dia a dia, em aulas, palestras e no rico convívio humano, dando um sabor especial aos diversos casos que vai compartilhando com os leitores ao longo dos capítulos. Podemos dizer que César tem sempre uma boa história para contar, uma história de motivação, um exemplo de superação e de inovação que ajuda (e muito!) a enriquecer seu livro.

Suas obras — e esta em particular — podem ser também fonte de orientação para centenas de jovens que chegam anualmente ao mercado de trabalho ou querem chegar. Sou casada com um professor universitário do curso de Comunicação Social e percebo nele a preocupação em orientar os alunos para o mundo corporativo. São jovens bem-formados, na maioria, mas que não têm a menor preparação para a formalidade, a conduta, a disciplina, a competitividade e o comprometimento que lhes serão exigidos na área profissional. Ele diz que todo curso de graduação deveria ter uma disciplina obrigatória intitulada "Comportamento e Conduta no Local de Trabalho" porque, em geral, as pessoas são contratadas por qualidades técnicas, mas são dispensadas por questões comportamentais.

Sou também mãe de uma adolescente de 14 anos que começa a se interessar por opções de carreira, ainda identificando sonhos. Os jovens precisam descobrir o que querem para os próximos dez anos e depois para os próximos vinte, quando não serão mais tão jovens assim. Precisam encontrar o lugar deles no mundo, na sociedade, na família, saber o que lhes traz o tão desejado brilho nos olhos. Precisam reaprender a sonhar e a lutar para transformar suas aspirações em realidade, por mais adverso que seja o momento e suas circunstâncias pessoais.

Mas este livro não é útil apenas para os jovens. É precioso para todas as idades e fases da vida. O próprio autor enfatiza que sonhos não têm idade, não envelhecem nunca.

Boas escolhas. E mãos à obra.

O caminho é árduo. Mas teremos luz no final desse túnel.

Só não fique esperando nem perca tempo tentando adivinhar o que vem pela frente. Sonhe. Construa seu futuro. Sonhar é inventar o futuro.

Silvia Leitão
março/2016.

Agradecimentos

Agradeço a todos que se tornaram cúmplices, ao longo da minha vida, da arte de sonhar de olhos abertos.

Mas preciso poupar você, leitor, de uma lista que poderia ser interminável — e que ainda assim cometeria injustiças por omissões inevitáveis. Essas pessoas sabem o que significam para mim, e tenho certeza de que entendem as razões pelas quais decidi não nomear nenhuma delas.

Aos inúmeros clientes de consultoria que me deram a oportunidade de entender melhor o funcionamento de suas organizações e como os sonhos são ora estimulados, ora reprimidos no cotidiano empresarial.

Aos consultores organizacionais independentes e aos palestrantes, que se tornaram amigos e têm enriquecido minha experiência com comentários, carinho e sugestões. Aprendo com vocês todos os dias.

Aos dirigentes das empresas que me convidam para proferir palestras, permitindo que eu conheça a geografia e a essência do Brasil que sonha com os pés no chão e as mãos na massa.

Aos colegas e sócios da Empreenda, que têm me dado "régua e compasso" para a labuta diária, tanto para agregar valor aos sonhos de nossos clientes quanto para ajudá-los a enfrentar seus pesadelos.

A todos aqueles cujos exemplos estão relatados nas páginas deste livro, devo um agradecimento muito especial. A inserção de citações desses personagens reais procura demonstrar, por meio de exemplos concretos, a prática dos princípios aqui apresentados. Suas histórias e os diálogos que os envolvem foram construídos a partir de diversas fontes: conversas com o autor, e-mails, observações em eventos, palestras, relatos de terceiros, livros, sites, documentários e matérias publicadas na imprensa. Sou grato por terem compartilhado seus sonhos comigo e pelo tempo que me dedicaram, mas principalmente pela confiança que depositaram no projeto deste livro. Confesso que vivi momentos inesquecíveis que ficarão bem guardados na minha memória afetiva.

Bibliografia

ALMEIDA, Sérgio. *Gestão de sonhos — riscos e oportunidades*. Salvador: Casa da Qualidade Editora, 2000.

BENI, Rosana e SZAFIR, Luciano. *Quando os sonhos se tornam realidade*. São Paulo: Editora Gente, 2001.

BOJUNGA, Cláudio. *JK: O artista do impossível*. Rio de Janeiro: Editora Objetiva, 2001.

CAVALCANTTI, Zoroastro. *Sonhos, números e significados*. São Paulo: Editora Centauro, 2000.

COELHO, Marco Antônio Tavares. *Herança de um sonho — as memórias de um comunista*. Rio de Janeiro: Editora Record, 2000.

GATTAI, Zélia. *A Casa do Rio Vermelho*. Rio de Janeiro: Editora Record, 1999.

______. *Anarquistas, graças a Deus*. Rio de Janeiro: Editora Record, 2000.

GLADWELL, Malcolm. *Fora de série — Outliers*. Rio de Janeiro: Editora Sextante, 2008.

HOLANDA, Sergio Buarque de. *Raízes do Brasil*. São Paulo: Companhia das Letras, 1997.

HUNT, Michele. *DreamMakers — fazedores de sonhos*. Rio de Janeiro: Qualitymark Editora, 2002.

JUNG, Carl Gustav. *Memórias, sonhos, reflexões*. Rio de Janeiro: Nova Fronteira, 1983.

MEIRELES, Cecília. *Escolha o seu sonho*. Rio de Janeiro: Editora Record, 1998.

ODEBRECHT, Norberto. *Sobreviver, crescer e perpetuar*. Salvador: 9ª edição institucional, 1984.

PIRES, Luciano. *Meu Everest — realizando um sonho no teto do mundo*. São Paulo: Geração Editorial, 2002.

RIBEIRO, Darcy. *O povo brasileiro: a formação e o sentido do Brasil*. São Paulo: Companhia das Letras, 1995.

SIGMUND, Freud. *A interpretação dos sonhos (I)*. Rio de Janeiro: Imago Editora, v. IV.

SILVA, Ozires. *A decolagem de um sonho — a história da criação da Embraer*. São Paulo: Lemos Editorial, 2005.

WISEMAN, Richard. *O fator sorte — mude sua sorte, mude sua vida*. Rio de Janeiro: Editora Record, 2003.

Outras fontes:

Central do Brasil. Direção: Walter Salles, 1998.

Fitzcarraldo. Direção: Werner Herzog, 1982.

Sites selecionados:

Comitê para Democratização da Informática (CDI)
www.cdi.org.br
Embraer
www.embraer.com.br
Instituto Ayrton Senna
www.institutoayrtonsenna.org.br
Instituto Tecnológico de Aeronáutica (ITA)
www.ita.br

Organização Socioambientalista Pró-Mar
www.promar.org.br
Serviço Brasileiro de Apoio às Micro e Pequenas Empresas (Sebrae)
www.sebrae.com.br

best.
business

Este livro foi composto na tipologia Palatino LT Std Roman,
em corpo 12/16, e impresso em papel off-set 75g/m² no Sistema
Cameron da Divisão Gráfica da Distribuidora Record.